名流

CELEBRITY

[英]克里斯·罗杰克◎著

李立玮 闵 楠 张信然 薛 婷◎译

北京联合出版公司
Beijing United Publishing Co.,Ltd.

图书在版编目（CIP）数据

名流 /（英）克里斯·罗杰克著；李立玮等译 . —北京：北京联合出版公司，2019.6

ISBN 978-7-5596-3025-4

Ⅰ. ①名… Ⅱ. ①克… ②李… Ⅲ. ①群众文化—研究—世界 Ⅳ. ①G249.1

中国版本图书馆 CIP 数据核字 (2019) 第 047999 号

北京市版权局著作权合同登记号 :01-2019-1686

Celebrity by Chris Rojek was first published by Reaktion Books, London, UK, 2001.

Copyright © Chris Rojek 2001

Rights arranged through Big Apple Agency, Inc. (Shanghai Office)

名　流

作　　者：（英）克里斯·罗杰克
译　　者：李立玮　闵　楠　张信然　薛　婷
责任编辑：杨芳云　　　　　　　特约编辑：丛龙艳
产品经理：严小娥　赵琳琳　　　版权编辑：张　婧

北京联合出版公司出版
（北京市西城区德外大街 83 号楼 9 层　　100088）
北京联合天畅文化传播公司发行
天津光之彩印刷有限公司印刷　　新华书店经销
字数：153 千字　　880mm×1230mm　　1/32　　印张：11
2019 年 6 月第 1 版　　2019 年 6 月第 1 次印刷
ISBN 978-7-5596-3025-4
定价：58.00 元

出版说明

　　这是一部关于分析与研究名流现象的发展史、成因、现状及其对社会的深远影响的著作，虽然英文原书出版于20世纪90年代末，其中引用的个别数据已经过时，不具有参考意义，但是作者审慎的分析、研究乃至跨学科的探讨对人们认识与深入了解当今社会的名流现象仍具有重要的指导意义。为了最大限度地保持原作品的风貌，在本书的编校过程中，编者并未对书中个别于今而言过时的信息做特别的处理，特此说明。

目 录

×

第一章 名流与类名流

第二章 名流与宗教

第三章 名流与审美化

致　谢

第一章
名流与类名流
Celebrity and Celetoids[1]

尽管"名流"通常被赋予神性的特质，但"名流"一词的现代含义源自诸神从圣坛上跌落，以及民主政府与世俗社会的兴起，这并非偶然。在日常生活中，公共社会的繁荣使得名人的重要性与日俱增，正是这样一种社会，使人的个性得以充分发展，并以此作为老套的民主主义平等的一剂解毒良药。

"名流（celebrity）"一词的拉丁语源是"celebrem"，既指"名望"又指"被簇拥"。拉丁语之中还有一个词和"名流"有关——celere，英语里的 celerity 即来源于此，意思是"快速的"。

从拉丁语源中我们可以看到这样一种关系：某人可以鹤立鸡群、卓尔不凡，而他所处的社会结构却往往使其显赫声

名转瞬即逝。法语中的"célèbre"一词意思是"很有知名度",也传达了相似的深层含义。此外,它还意味着一个人的名望是超越宗教与宫廷界限的。

总而言之,它指出了"名流"的概念是和"公众"的概念联系在一起的,也承认了人类在情感上变幻无常的特性。这些是当代社会理论中的重要主题。事实上,现代性经常被理解为这样一种状态:偶然的与不具个性特征的种种关系在文化领域迅速扩展,社会与经济生活日新月异。

本书中,我所着力探讨的是公共领域个体的魅力与恶名如何造就"名流"。所以,有若干问题必须引起我们的注意。

第一,"魅力"与"恶名"通常被视为两个对立的概念,例如,巴西名模吉赛尔·邦辰属于前者,而美国俄克拉何马州联邦大楼爆炸案的凶手蒂莫西·麦克维无疑被归类为后者。"魅力"意味着深受公众的喜爱,而"恶名"却不受欢迎。"恶名"是名流文化的一个支系——尽管富于争议,但其重要性的确与日俱增。抛开道德因素不谈,邦辰与麦克维确实是存在共同点的,那就是,他们都对社会文化产生了极大的影响。由此,我们可以简化出一个等式:名流 = 对公众意识所产生的影响。

这一等式无疑是需要加以修正的,但作为对"名流"进

吉赛尔·邦辰

行定义的起始点而言，它有助于我们对时下普罗大众所迷恋的"名流"现象展开讨论。为什么我们之中很多人都拿自己的价值与那些从未谋面的名人做比较？为什么在普通人中如此普遍地存在着对成名的渴望？这些问题的答案无疑都与公共生活的建构方式有关。

虽然公共生活的内容是关乎政治和思想交流的问题，但是媒体在其中起着决定性的作用。情绪的调动、人际关系中对自我的展现、让公众对自己留下深刻印象的种种技巧，这些利用媒体使名流的形象人性化、戏剧化的手段，已经深入日常社会生活的方方面面。

第二，"到底是谁造就了名流"这一问题，迄今没有明确的答案。名流是社会文化的产物，他们对公众所产生的影响是深刻而迅速的。事实上，名流无不受到所谓"吸引链"的微妙调节作用，没有一位名人不是在文化中介的帮助下成名的。

所谓的"文化中介"，即那些经纪人、宣传企划员、市场营销人员、摄影师、健身教练、服装设计师、化妆师以及私人助理等，他们的工作就是为名流塑造出极富魅力的公众形象，让公众——尤其是粉丝们——为之着迷。这样一种操作方式，同样也适用于那些恶名昭彰的人。詹姆斯·艾尔罗伊和杰克·阿尔诺特的小说就为历史上一些声名狼藉的歹徒披上了闪闪发光的外衣，这些歹徒包括李·哈维·奥斯瓦尔德[1]和克雷兄弟[2]。到了20世纪90年代，电影导演如昆汀·塔伦蒂诺和盖·里奇（麦当娜的丈夫），也拍了一系列为歹徒罩上光环的黑社会题材的影片，诸如《落水狗》《低俗小说》《杰基·布朗》《两杆大烟枪》以及《偷拐抢骗》等。

第三，名流身份通常都意味着同一个人在私下里与公众面前是两副面孔。社会心理学家乔治·赫伯特·米德认为，自古以来，至少在西方世界里，"主我"（I，即真实的自我）和"客我"（Me，即他人眼中的我）的分裂状态就已经存在了。[3]自我在公众面前的展示往往是一种舞台表演性质的行为，"演员"对他人呈现出自己的一个"表面"，并保留了"自我"的另一个重要部分不予示人。

对于名人来说，"主我"和"客我"的分裂经常困扰着他们，常有人因此抱怨自己的身份混乱，慨叹真实的自我受到了公众眼中那个"自我"的奴役。加里·格兰特曾经很有讽刺意味地说，和他的影迷们一样，他自己也很想成为加

1　刺杀肯尼迪总统的凶手。——译注

2　20世纪中叶伦敦黑帮中的核心人物：雷吉·克雷与罗尼·克雷。——译注

3　参见 G. H. 米德著《心灵、自我与社会》（芝加哥，1934）。——原注

1.《落水狗》剧照
2.彼得·塞勒斯

里·格兰特那样的人物。从这句话中可以看出，他也认识到自己身上真实的自我和公众眼中的自我是不一样的。

还有一些名人，曾经饱尝"丧失身份"之苦。例如，彼得·塞勒斯[1]就曾抱怨，每次拍完一部电影，他都觉得自己随着在影片中扮演的角色一起"消失"了。这就意味着他对"真实的自我"的感觉确实不存在了。相反，"真实的自我"也一直在做顽强的斗争，试图摆脱"公众眼中的自我"的奴役。这就导致了名人在"主我"与"客我"之间游移不定，而"公众眼中的自我"也会使用更为激烈的手段，以求人们注意到他们身上"真实的自我"所具有的恐惧、羞愧与日益强烈的无助感。

"谁人"乐队的前鼓手凯斯·穆恩和已故的影星奥利弗·里德都曾长期在这种双重身份之间游移——我们可以把这理解为一种病态，因为这两位名人"公众眼中的自我"都越来越依赖酒精的帮助，穆恩又从酗酒发展到吸毒。

当然，超越"真实的自我"的欲望往往就是为成名奋斗的主要动机。据报道，约翰尼·德普在拍摄电影《断头谷》（1999）时，曾在伦敦的一家餐厅里攻击了突然闯入的摄影

1　英国喜剧电影演员。——译注

记者，并愤愤然道："今天晚上我不愿做你们想让我做的事。"

关于成名，有过一个著名的悖论：对声名的渴望会在你产生下面任何一种感觉时达到顶峰——或是你终于拥有了一张迎合大众的面孔，而你并不认为这张面孔所体现的是真正的自己；或是更坏的一种情况：你在一张迎合大众的面孔下丧失了自我，反倒把真实的自我看作"不真实的"。

第四，我们应该区分"名流（celebrity）""恶名（notoriety）"和"名望（renown）"之间的不同。本书中，"名望"指的是在一定的社交群体里某个人所赢得的非正式的名誉。在任何一个社交群体里，总会有些人因其智慧、容貌、勇气、力量或成就脱颖而出。你可以把"名望"理解为依赖人际接触或直接的准社会交往赢得的声誉，该声誉仅限于这些人所在群体的较窄范围。

相比之下，"名流"的声誉则无处不在。名流文化的特殊之处在于，大众对他们的热情产生于他们和大众之间并无直接交往的一种状态。所以，"名望"来自人与人的直接接触，名流与恶名昭彰之徒则是靠舞台、银幕或其他媒介赢得声名——社会距离是他们得以成名的前提条件，这就导致名流与名流，名流与配偶，名流与子女、亲属之间较容易产生摩擦。那些赢得大众掌声与注意力的人，在私人生活中缺少赞许时往往会感到非常沮丧。伊丽莎白·泰勒、弗兰克·辛纳屈、杰恩·曼斯菲尔德、欧内斯特·海明威、理查德·伯顿和朱迪·嘉兰[1]都曾多次结婚又离婚，他们似乎都在试图与别人建立一种较为稳定的婚姻关系时遇到了困难。

1　好莱坞明星，《绿野仙踪》主人公多萝西的扮演者，成名后长期依赖药物。——译注

1.朱迪·嘉兰

2.约翰尼·德普

3.朱迪·嘉兰和第一任丈夫
　大卫·罗斯

4.弗兰克·阿尔伯特·辛纳屈

5.杰恩·曼斯菲尔德

6.理查德·伯顿和他的前妻

7.伊丽莎白·泰勒

8.伊丽莎白·泰勒和她的第三任丈夫

名流、
大众传媒
与
名流化

Celebrity, the Media and Celebrification[1]

　　我的研究着力于名流的成因，侧重长时间的观察，而非拘泥于名流的内在品质与性格特点，因为我相信，在名流文化的形成过程中，大众传媒绝对起了关键的作用。

　　对我们而言，名流似乎具有特殊的魔力，或是具有非同一般的能力，其实，这只是因为他们被推向大众视野的时候带着舞台光环。最好的一个例子就是默片时代一次宣传上的惊人之举。1910年3月，比沃格拉夫（Biograph）电影公司宣布当时最耀眼的红星之一弗洛伦斯·劳伦斯去世，而事实上，劳伦斯活得好好的。所以，当这位女星随后在圣路易斯露面的时候，她所在的那家电影公司便获得了一次空前的宣传。

　　名流之所以成为普罗大众疯狂着迷的人物，主要应该归

1　Celebrification 一词大概也是本书作者自造的，中文译作"名流化"。——译注

因于三个互相关联的历史进程：首先是社会的民主化；其次是宗教组织的衰落；最后就是日常生活的商品化。接下来会介绍这三个进程。

我们有足够的证据说，17世纪与18世纪贵族力量的衰弱，使文化重心转移到那些白手起家的男男女女身上。随着现代社会的发展，名流填补了因皇族的没落与"上帝之死"所造成的信仰空缺。美国的独立战争不仅意在推翻大英帝国的殖民统治，也力图颠覆君主制这一意识形态。美国人以另一种意识形态取而代之，而它同样满是缺陷与不切实际的幻想，那就是民主意识。正是这种意识形态塑造了崭新的政治体系，维系着商业与工业的发展，也促成了名流的商品化。

名流取代了过去的君王，成为众望所归的新象征，而随着对上帝的信仰不断衰弱，名流更是成了不朽的人物。这就是托马斯·杰弗逊、乔治·华盛顿、甘地和温斯顿·丘吉尔这类人能在当代文化中始终拥有巨大的光环的原因所在。

由于同样的理由，约翰·韦恩尽管已经辞世超过二十年，却仍然当选为美国最受欢迎的电影明星之一，而鲁道夫·瓦伦蒂诺、埃尔维斯·普雷斯利（"猫王"）、玛丽莲·梦露、约翰·肯尼迪、詹姆斯·迪恩[1]、约翰·列侬、吉姆·莫里森[2]，图派克·沙克和科特·柯本[3]等人至今依然是人们狂热崇拜的偶像。

从政治意义和文化意义上说，"民主"这一基于平民的意识形态将在公平的竞技场上不断提升公众的层次，而富于表现力的个性与风度更会使人卓尔不群，吸引公众的注意。由此而言，名流文化在世俗社会中具有重要的整合功能。

同时，名流文化所激发的欲望是相当抽象的。资本主义积累要求消费者们不断地交换彼此的需求。工业文化的动力则部分地来自资本家对商品的长销不衰和品牌创新的要求，在这样的大环境下，"欲望"就成了可流转且无定性的东西，因为购买的需求必须随着市场的发展不断地做出相应的反应。市场不可避免地把名流的公众形象变为商品。如果我们不能认识到名流文化是与商品文化捆绑在一起的，我们就永远不会明白名流对我们当今社会的特殊影响力。在本书第五章中，我将详细探讨此中深意。

但是，消费者不仅是商品市场的一部分，也是情感市场

1　美国老牌影星。——译注

2　大门乐队的主唱。——译注

3　涅槃乐队的灵魂人物。——译注

的一部分。资本主义组织要求每一个人既是充满欲望的消费者，也是欲望的对象。因为经济的增长依赖商品的消费，文化的整合依赖社会吸引力焦点的更新。名流使商品消费的过程人性化了。名流文化是作为一种核心机制出现于人类情感市场的建构中的。名流之所以会被定义为商品，是基于这样一种感觉：消费者们期望拥有他们。有趣的是，这一点同样适用于那些反面的"名人"。连环杀手伊恩·布雷迪、迈拉·辛德利、罗丝玛丽·韦斯特、杰弗里·达莫、泰德·邦迪、哈罗德·希普曼和蒂莫西·麦克维等人都曾在牢狱中服刑时收到崇拜者雪片般的信笺。2001年6月11日被处决的麦克维，曾经四度被女子求婚。在相当一部分民众间，恶名昭彰之人根本就没有受到过谴责与排斥，反倒因被视为胆色过人的侠者而招人喜爱。

很容易理解为何主流名流会以其个人魅力满足普罗大众在日常生活中对富于吸引力的事物的渴求，并成为众人效仿的对象，进而有助于社会的稳定与统一。而乍看上去，恶名昭彰之人竟也能迷倒一大片人，这一点就很难理解了。也许，我们可以试着将恶名昭彰之人放到民主制度的背景之中。民主所具有的均衡一切的功能，对极端作为的稍显怯懦的蔑视，以及平等的权利和责任的千篇一律的肯定，使得处于此背景中的恶名昭彰之人拥有了鲜明的色彩，获得了瞬间的声望。而且，因为他们勇于将自己那份被文明社会压抑的情感释放出来，在某些人群中他们还会被当作英雄加以崇拜。

如果名流文化的社会倾向使我们也觊觎成名，梦想一夜间成为别人羡慕与赞誉的对象，那么，毫无疑问，失败者肯定多于成功者。名流竞赛[1]已经深入社会生活的方方面面，无法搏出声名的生活让不少人感到沮丧。在极端的例子里，那些失败者诉诸暴力，以求得到赞誉。本书第四章中将细致研究恶名与名流的关系，研究跻身名流的欲望在那些跟踪狂的成长过程中到底起了多大作用，以及对名誉的追求与某些类型的谋杀乃至连环杀人的行为之间到底存在什么样的关联。

在最后一章，我引入了"名流化进程（celebrification process）"这一概念，以此概述名流在日常生活中普遍存在的特征。我以为，随着统一市场与大众传媒的发展，文化变得越来越适合传媒的口味。电视晚间新闻比所有的全国性报纸的受众还多。每一天社会生活与文化交流都通过媒体提供的风格、观点、对话提示与指导性议程来进行。当然，这些信息还将经过我们身边众人的口口相传而被修饰、重构。无

1　指普通人成名之路上的赛跑。——编注

皮埃尔·布尔迪厄

疑，媒体是影响日常生活中人际交流的一个主要因素，而名流是社会与个人之间信息交流的重要节点。因此，名流势必被理解为一种现代现象，一种由报纸、电视、广播和电影等大众传媒所引发的现象。

法国著名社会学家皮埃尔·布尔迪厄在论述媒体名人的力量时显得非常刻薄。"我们的新闻主播，"他抱怨道，"脱口秀主持人，还有体育节目播音员……总是针对他们所谓的'社会问题'，诸如城市暴力或校园暴力，告诉我们'应该怎么去想'。"[1]你可能会认为这种观点过于片面。其实媒体名人对公众的影响要比布尔迪厄评估的微妙得多，尤其在通过向公众宣传与更新公众问责制来完善民主方面。尽管如此，他的这个观点还是颇为合理的：大体上说，如今的个人文化也日趋迎合媒体的口味了——无论是在个性的展示上还是人生目标的设定上。名流化是指社会生活与个人生活的方方面面都受到名流文化的影响，名流各自体现着某一社会群体的价值观，并成为这一群体的楷模。

事实上，媒体的呈现是名流的基础，核心为名流效应的神秘黏性以及名流形象的异常脆弱性。从观众的角度来看，

1　参见皮埃尔·布尔迪厄著《电视和新闻业》（*On Television and Journalism*，伦敦，1996）。——原注

它使名流显得既是传奇人物又是亲密的同人。通过媒体展示名流的风采，自然会引发对名流真实性的怀疑。对名流和观众来说，这是个永久的两难问题。名流和粉丝面对面进行交流，往往会产生三种结果。（用"面对面"这个词语，我指的是，一个名流和一个观众互动，名流真实的自我会占据主导，因此与在公众面前构建的期望和反应模式相矛盾。）这三种结果是：第一，确认。通过和粉丝的直接互动，名流的公众形象最终得到恢复和验证。第二，正常化。通过对名流与粉丝心理和文化层面共性的表达、认同，名流的身份变得透明化。面对面的交流暴露了名流个性化的一面，名流瞬间变得更像我们了。承认名流终究是人，通常会提高公众对名人的敬意。埃尔顿·约翰[1]、小罗伯特·唐尼[2]、乔治男孩[3]和朱迪·嘉兰，在承认与成瘾做斗争后，似乎与公众的关系更密切了。第三，可以称为认知失调。面对面的交流使名流暴露于公众面前，若其形象与大众媒体所塑造的公众形象发生根本性的冲突，则其公众面孔会被认为是故意制造的假象或道具而招致严厉的谴责。

1　英国著名流行音乐创作歌手，同性恋，脾气暴躁，有过不少丑闻。——译注

2　好莱坞明星，"钢铁侠"的扮演者，曾长期吸毒。——译注

3　英国新浪潮乐队文化俱乐部（Culture Club）主唱，以深情嗓音和中性打扮闻名于世，深陷毒瘾。——译注

小罗伯特·唐尼

种种名流

Ascribed, Achieved and Attributed Celebrity

社会上存在三种名流。第一种是天生的名流，他们的高贵身份是与生俱来的，他们通常都拥有皇家贵族的血统，卡罗琳·肯尼迪和威廉王子就属于这种名流。这也是国王和王后在早期的社会中备受尊重与崇敬的原因所在。而个人凭借其自愿自发的行为可以提升或降低其社会地位，但是他们最基本的社会地位是早已确定的。

相比之下，第二种名流则是后天成就的，他们是在开放式的竞争中靠自己的成就赢得声誉。布拉德·皮特、达明安·赫斯特、迈克尔·乔丹、达西·巴塞尔、大卫·贝克汉姆、伦诺克斯·刘易斯、皮特·桑普拉斯、威廉姆斯姐妹和莫妮卡·塞莱斯均属于这种名流，他们是靠在艺术或体育上的非凡表现成名的。人们一般会认为他们身上有着常人所不具备的特殊天赋或技能。

约翰·温斯顿·列侬

然而，后天成就的名流也并非全都仰仗天赋或技能，有时媒体的特殊关注也会让普通人一夜成名，这样的成名者，我称之为被造就的名流（attributed celebrity）。

为什么名流可以如此造就？主要是因为大众媒体的扩张。追求轰动效应就是大众媒体对日常生活的乏味和可预测性的反应。丹尼尔·布尔斯廷[1]发明了"假事件"一词，指的是公关人员和报纸编辑人为制造有新闻价值的事件和人物。[2]追求轰动效应旨在通过塑造能激起公众注意的对象而引发公众的兴趣。因此，一些有新闻价值的"普通"人一夜成名，如英国电视节目里的园丁查莉·迪莫克、卢西亚娜·莫拉德[3]、曾怀八胞胎的英国母亲曼迪·奥尔伍德[4]。稍后我将介绍"celetoid（类名流）"这个术语，它是指一种由媒体生成、被压缩且扁平化的被造就的名流。

人们经常认为，媒体饱和意味着我们生活在假事件时代，结果就是事实和虚构之间、现实和幻想之间的界线被抹

1　丹尼尔·布尔斯廷（1914—2004），美国历史学家、博物学家和前美国国会图书馆馆长。——译注

2　参见丹尼尔·布尔斯廷著《形象：美国假事件指南》（伦敦，1961）。——原注

3　曾是英国"滚石"乐队摇滚歌星米克·贾格尔的女友。——译注

4　1996年9月30日至10月2日，英格兰32岁的曼迪·奥尔伍德产下6男2女，但不幸的是，八名婴儿全部夭折。——译注

去了。也许这是个夸张的说法，因为它的可信度最终取决于许多媒体话题的曝光，而这类话题，不过是精心策划的假事件，其所涉及的也无非是作为媒体策略结果的类名流。一旦把类名流作为一类名流，我们就消除了真实和幻觉之间界线的争论。即便如此，无所不在的大众媒体也要求我们把类名流看作当代文化的一个重要组成部分。

这里应该加一条说明。当然，在大众媒体崛起之前就存在后天成就的名流。偏狭之徒、大骗子、罪犯、妓女、行吟者和思想家从古希腊罗马时代就成为大众关注的对象。他们有着所谓的未成形（pre-figurative）名流的身份。也就是说，他们是公众话题的一部分，荣誉或臭名昭著显然都归因于他们自身。但他们并不给人亲密的幻觉，那种作为尊贵同人的感觉，是大众传媒时代名人身份的一部分。

当陌生人第一次遇见约翰·威尔默特（1647—1680）——第二代罗切斯特伯爵——的时候，他大概很难相信眼前这个人是个放荡不羁、荒淫无度的花花公子。罗切斯特伯爵创作了不少淫诗嘲讽查理二世及他的宠臣，他的这些性情与所作所为是公众接触不到的。就像几乎所有未成形的名流一样，罗切斯特伯爵死后才成名——他33岁时死于梅毒。可以说，诸如罗切斯特、波卡·洪塔斯、提图斯·奥兹、盖伊·福克斯、约翰·迪伊、妮尔·格温、杰拉德·温斯坦莱这些历史人物在有生之年便已享有一定程度的都市名人之名。但是，他们的情况又各不相同。这种声誉的传播有赖于各人的亲属、朋友及读写能力。相比之下，当代社会的名流广为人知，他们的形象充满活力对于痴迷于他们的大众而言至关重要。而且，人们可以通过电视介绍、传记文学、报纸采访、广播纪录片、传记片和互联网拉近与名流的距离。真实的自我成了永恒的公共挖掘场地。

当然，名流经常觉得自己的生活受到了侵犯，有时甚至难以忍受。他们在他人身上调动起来的渴望是可转移的。严格来说，名流在公众面前建立的形象并不属于他们自己，因为只有得到公众的认可，他们的公众面孔才有意义。公众对名流的尊重也为名流所依赖。或许这可以解释为何在名流中神经症和精神疾病发病率高于平均水平。名流在公众心目中的地位提高后，当他们与家人相处时就会难以保持"自我"，而这常常会引发个人问题。如果名流努力建立的公众面孔不被接受，那么他可能会感到焦虑与屈辱。

名流的地位往往依赖公众的认知，这一点是很有讽刺意味的。名流通常会抱怨公众太不尊重他们的隐私权了。葛丽泰·嘉宝息影后一直重复这样一句话："我只想一个人待着。"这句话她说了几十年。当人们问起约翰·列侬为什么要移居曼哈顿时,列侬的解释是,英国人对甲壳虫乐队的热情已经到了让他承受不了的地步。而在纽约,列侬觉得他应该可以不受打扰地在大街上散步——结果,他却在那里被一个狂热的歌迷枪杀了。嘉宝和列侬之死又让媒体对他们"真实的自我"进行了肆无忌惮的深入挖掘,其中大部分报道非常可疑,一些非常不道德。然而,就像当今社会的名流一样,他们的私生活已经成了公共领域的一部分,成了我们借以理解自身,在文化圈的激浪中穿行的持续不断的文化信息的一部分。成功跻身于后天成就的名流或被造就的名流之列的人们,牺牲了一部分的真实自我,将匿名与私人的世界抛在了脑后。

类名流
与
虚拟名流

Celetoids and Celeactors

我提出"类名流"这个词，将其与名流区分开，是因为名流的职业生涯通常更长久。然而，我认为，类名流与名流被公众消费的方式是一样的。类名流是围绕大众传播和舞台式真实组织起来的文化活动的附属品。如彩票赢家、重大新闻事件的目击者、跟踪者、检举者、体育场上的裸奔者、见义勇为者、某位名流的情人以及其他各种社会类型的人，他们会一下子成为大众传媒争相追逐的对象，又很快被大众遗忘。

想一想这三个名字：约翰·布拉德利、勒内·加格农和艾拉·海耶斯，现在谁还记得他们？他们是1945年硫磺岛上六人小队中幸存的三个人，是他们把美国的国旗光荣地插在了硫磺岛上——那是一场长达36天的战斗，共有22000名日军和7000名美军阵亡。乔·罗森塔尔的著名照片记录了这一悲

他们把美国的国旗光荣地插在了硫磺岛上。

壮的时刻。在那段日子里，全美人民都知道了约翰·布拉德利、勒内·加格农和艾拉·海耶斯这三个名字。这三个人回国的时候，人们把他们当作国家英雄来欢迎。为了纪念这场战争，美国根据这张照片制作了一座雕像，安放在弗吉尼亚州阿灵顿国家公墓，与华盛顿特区隔波多马克河相望。布拉德利死于1994年，他回国后再没有跟别人提起过有关硫磺岛战役的任何事情。加格农在54岁那年也去世了，战后他一直

勒内·加格农、艾拉·海耶斯、约翰·布拉德利（从左到右）

做门卫工作，他的英雄事迹并没有给他带来任何财富。最不幸的莫过于海耶斯了，战后他居住在亚利桑那州的一个印第安人保留区，在那张著名的照片公之于世十年后，他死于与酗酒有关的疾病。

类名流们总是短暂地获得流星一般的名望，然后便迅速地从公众的视野中消失。英国人大概还能想起露丝·劳伦斯这个名字，这个少年天才在整个20世纪80年代一直吸引着英国大众传媒的注意。她在8岁那年就通过了英国普通程度考试，10岁的时候作为史上最年轻的学生通过了牛津大学的入学考试，11岁开始了大学学业，13岁以优异的成绩毕业，17岁便得到了博士学位。在这之后，露丝移居美国，英国媒体便对她失去了兴趣。90年代她一直在密歇根大学，渐渐失去了曾经的光辉，成了一位平凡的母亲和教师。

公众对类名流们的兴趣通常伴随丑闻而来。例如，杰西卡·哈恩之所以成为名人，是因为1987年她和著名电视布道者者金·贝克的秘密恋情被曝光。事后她两度登上《花花公子》杂志的封面，并且开办了自己的"900"性电话热线。珍妮弗·福劳尔斯和保拉·琼斯在声称自己与总统有染后，立刻获得了相当的公众知名度。而莫妮卡·莱温斯基甚至在克林顿总统公开承认自己与其发生过性关系之前就已经名扬天下了。莱温斯基曾高调地接受美国电视台的采访，获得了较高的回报，之后她还到各地做活动推广她的书。还有一位名叫达尔瓦·康格的急诊科护士，她曾是海湾战争退役士兵，在2000年一举成名，原因是她通过热门电视娱乐节目《谁想嫁个百万富翁》嫁给了一位百万富翁。这段婚姻很快就结束了，康格又开始为上《花花公子》做准备。

　　类名流常常是围绕着性丑闻构建的形象，性丑闻象征着公众人物的伪善或腐败。例如，20世纪60年代初期英国的普罗富莫事件[1]，一名内阁大臣因性丑闻涉嫌间谍罪的指控，使应召女郎克莉丝汀·基勒和曼迪·赖斯－戴维斯一跃成为类名流，轰动一时，表明了在杰出政治家和摇摆伦敦[2]之间的双重标准。不久前，顶尖公关人员马克斯·克利福德代表安东尼娅·德·桑查声称，已婚的保守党内阁大臣大卫·梅勒穿着心爱的切尔西足球俱乐部球衣和她发生了关系。克利福德也代表陪伴女郎帕梅拉·博德斯发出声明，称她曾与保守党某部长及报纸编辑安德鲁·内尔发生过关系。除此之外，

1　一件发生于1963年的英国政治丑闻，该丑闻以桃色事件主角即时任内阁大臣的约翰·普罗富莫命名。——译注

2　20世纪60年代伦敦街头紧身短裙的装束，也是同一时期英国新潮文化趋势的总称。在此期间，人们关于服装、性行为、音乐、电影、电视等的观念都更为开放。——译注

在曼迪·奥尔伍德怀八胞胎期间，克利福德为其提供过豪华住处并安排了《世界新闻报》对她的关注。

虽然在特殊情况下类名流可能获得长时间的关注，但瞬息即逝是类名流身份不可逆的状态。比如，加利福尼亚人习惯了胸部丰满的金发女郎安吉琳的形象，她通常穿着低 V 领的豹皮衣，脚踩高跟鞋，戴着墨镜。20世纪80年代和90年代，她的形象一再出现在洛杉矶各地的巨大广告牌上。乍看起来，安吉琳的形象公然迎合了男性至上主义者的喜好，另一方面，她的姿势也具有反讽性，值得反思。她反对基于性别不平等的刻板印象。她不是以性感女神的形象出名，就如一句俗语所言，她是因成名而出名。她的宣传噱头引来了电视访谈、拥有数千人的粉丝俱乐部和电影《外星奇缘》（又名《快乐的地球女郎》）里露脸的龙套角色。她的名声最好被理解为媚俗文化的产物。

在我所说的媚俗文化里，规范秩序的条条框框是由大众媒体精心安排并制造的新奇事件和策划大众反应的运作建立的。将被构建的文化身份与互动性设定为理所当然的规范社交，媚俗文化不动声色地否认了现实。安吉琳自觉赫赫有名，因而效仿各种形式的名流的一般特征。

类名流的一个重要分支，我称为"虚拟名流"。他们是被人们虚构出来的形象，要么短期内非常流行，无处不在，要么定形成为流行文化的一个特征。他们具有和类名流一样的特征，他们会在一定时间内成为大众传媒关注的焦点，并且代表那个时代的大众口味。

20世纪80年代，在英国，哈里·恩菲尔德塑造的虚拟名流"装钱（Loadsamoney）"，是埃塞克斯人[1]的总化身。这是个来自伦敦埃塞克斯的俗人、物质享乐主义者、暴发户，其价值观被玛格丽特·撒切尔政府推广。2000年初，虚拟名流阿里·G在大众媒体中占据类似的位置。从表面上看，阿里·G（由盎格鲁－犹太裔喜剧演员萨沙·拜伦·科恩创作并扮演）是一个来自伦敦附近的斯泰恩斯的英国黑人"小伙"[2]，他和黑帮文化有着公开但又模棱两可的联系。滑稽的是，虽然阿里·G自称嘻哈英国黑人，但事实上，科恩显然不是黑人，而阿里·G对英国牙买加裔黑人的价值观和方言的熟悉程度也令人怀疑。"阿里"这个名字表明这个人物实际上可能是亚洲血统，从而在这部角色身份混乱的喜剧里又植入了一个信息。科恩巧妙地扮演了阿里·G，既抨击了种族成见，又抨击了政治正确性的伪神圣，有时这样做是很危

1　20世纪90年代英国流行的典型人物。埃塞克斯人指代的是中间选民，如工人阶级。——译注

2　尤指受最新时尚和观念影响的年轻人。——译注

险的。这部喜剧呈现的不只是阿里·G过度的诚恳[1]，还有他采访的那些有权又有钱者的轻信，令人目瞪口呆。他们根据阿里·G的外表做出判断。因此，作为著名的右翼人士、前保守党大臣的校长被试探着问及学校课程里公制单位的优点时，显然没有意识到阿里·G对公制计量的热情完全是由他吸食消遣性毒品的兴趣驱动的。相似地，当有人对一个女权主义学者表现出粗暴的厌恶女性主义的价值观时，这位学者不能像她在教研室会议上可能做的那样强硬地驳斥他们，因为这些人的受教育程度显然不高，并且是少数族裔的代表。一些媒体批评科恩延续了种族主义者和性别歧视者的刻板印象。但是，认真地解读阿里·G这个形象，就会发现这部喜剧的目的就是戳穿种族歧视者、男性至上主义者以及被选为我们的道德监护人的人设置的陷阱和谎言。

虚拟名流往往是充满讽刺意味的产物，他们嘲弄现实的价值取向，颠覆现实的种种标准。他们是18世纪到19世纪讽刺画家——如威廉·霍加斯、托马斯·罗兰森、奥诺雷·杜米埃等——素描、版画和油画作品中诸多形象的直系后代，那些形象复活了。

1　装过头的诚恳。——译注

卡通形象是虚拟名流中重要的一种。卡通连环画《金发女郎》曾在55个国家以35种语言出版，是美国漫画家奇克·扬在20世纪30年代初经济大萧条时期创作的。这部作品描绘了巴姆斯特德家族遭遇的各种烦恼，它之所以取得成功，是因为它的主题具有相当普遍的意义：爱情、婚姻、养育子女、工作、娱乐、吃饭和睡觉。英国画家雷吉·斯迈斯创作的卡通连环画《安迪·卡普》也获得了巨大的成功，它描绘了英格兰东北部工人阶层的日常生活，与《金发女郎》的主题相似。这两部连环画中的角色对整个社会文化都有一定的冲击，在一定程度上可以视为类名流的变种。

迪士尼制作的卡通形象广受赞誉，具有相当大的文化影响力。米老鼠代表了精神的宽容与乐观向上，唐老鸭则代表这样一类人：虽有良好的愿望，坏脾气却总让自己走上与本意相反的道路。电影《超人》和《蝙蝠侠》代表了英雄主义与对正义的捍卫。20世纪80年代和90年代，《瘪四与大头蛋》《辛普森一家》《南方公园》等动画片通过展现对愤愤不平的青少年的新的刻板印象、多元文化的冲击以及美国梦的恶梦，讽刺了当时美国主流价值观和制度。网络文化使卡通形象的意义得到了更为广泛的发展，扩大了虚拟名流的知名度。"劳拉·克劳馥"，由英国电脑公司 Eidos 创造的动作冒险类游戏女主角，已经在世界范围内广为人知。劳拉也许是计算机游戏界第一个声名赫赫且与众不同的偶像。这个90年代游戏形象的灵感源自80年代史蒂芬·斯皮尔伯格执导、哈里森·福特主演的《夺宝奇兵》系列电影。劳拉·克劳馥是虚拟名流成功的一个网络代表，这似乎证实了鲍德里亚广为人知且极具影响力的观点——模拟正在取代真实。[1]电影明星安吉莉娜·朱莉在《古墓丽影》的电影版中扮演了劳拉的角色，让这个故事有了新的转折。

名流的构建和表现与假想的公众面孔有关。就虚拟名流而言，他们没有实实在在的自我，公众面孔完全是虚构的产物。观众与明星、类名流和虚拟名流的联系由假想关系主导。与旁观对象在外形和文化上的差距，意味着观众在这段关系中抱有强烈的想象和欲望。对虚拟名流的构建常常是为了体现大众文化中的刻板印象和偏见。阿尔夫·加内特[2]、阿

1　参见让·鲍德里亚著《模拟》（纽约，1983）。——原注

2　英国情景喜剧 Till Death Us Do Part 中的虚构人物，呈现的是英国工人阶级中与社会压力对抗的自以为是的人。——译注

尔奇·邦克[1]、詹姆斯·邦德[2]、道格·罗斯医生[3]、小尤因[4]、弗雷泽[5]、哈罗德·斯特普托和阿尔伯特·斯特普托[6]、哈里·卡拉汉[7]、方兹[8]、凯莉·布拉德肖[9]、福克斯·穆德和戴娜·史高丽[10]，等等，在过去四十年里，从流行文化中随便选出几个名字的名流都是虚构人物。尽管他们是虚构故事中的人物，但是他们对真实的社会关系和文化形态产生了切实的影响，而且在某些情况下，这种影响是长期存在的。他们尤其起到了榜样的作用，体现了大众文化里的欲望，激发了大众文化

1.金发安吉琳

2.阿里·G

3.《古墓丽影》剧照

中的问题，以戏剧化的形式呈现偏见，影响了舆论，促成了身份认同。虚拟名流摩斯探长和维克多·梅尔德鲁分别为热门犯罪剧《摩斯探长》和风靡一时的英国广播公司（BBC）电视剧《行将就木》的主人公，两人在一周之内先后死去。这两起死亡事件被电视和报刊追踪报道，成了全国性事件。在播放维克多·梅尔德鲁的结局前是一条时长45分钟的讣告，这种荣誉通常只授予王室成员。

　　当然，虚拟名流对社会影响的本质尚未有定论。可以肯定的是，虚拟名流在战后文化中逐渐成为主流"酷"的代表。在《酷天下》一书中，作者迪克·庞坦和大卫·罗宾斯认为"酷"是"一种个体反叛的永恒形态"，"在反讽的面具下隐藏着反叛精神"，而且"酷"在文化意义上的影响遍及各个年龄段，在战后文化中具有重要的影响力。[1]虚拟名流中的方兹、哈里·卡拉汉、道哥·罗斯、穆德和史高丽，正是"酷"的具体化身。他们以漫不经心的沉着来应对生活中的种种复杂挑战。在大众文化中，他们提供了可供赞美与模仿的具体实例。

　　相反，《达拉斯》证明了由虚拟名流扮演的体现刻板印

1　参见迪克·庞坦和大卫·罗宾斯著《酷天下》（伦敦，2000）。——原注

象的角色与观众对社会的批评及受挫欲望的表达之间的关系。[1]得克萨斯州巨富赤裸裸的炫富和不道德行为，成了一种直指里根与撒切尔时代[2]的暴发户粗鄙行径的谴责方式。他们也为愿景不能实现提供了戏剧化的出口。一般来说，观众并不认为尤因家族是效仿的榜样。相反，《达拉斯》允许观众来发泄他们对个人和社会趋势的不满，而非参与公开的政治性活动。对于陷入发达资本主义非人化境况的观众来说，小尤因、波比和他们的妻子、情人以及越轨行为是出气通道。

这类极具影响力的虚构人物中的一部分出现在肥皂剧中。全世界范围内的虚拟名流被组织起来成就了英国肥皂剧《加冕街》，如埃娜·夏普尔斯[3]、阿尔伯特·塔特洛克[4]、肯·巴洛[5]、好赌的林奇[6]、埃尔西·坦纳[7]、迈克·鲍德温[8]、卷

1　参见洪美恩（伊恩·昂）著《观看〈达拉斯〉》（伦敦，1985）。——原注

2　主要指 20 世纪 80 年代。——译注

3　《加冕街》中的角色，爱管闲事，霸道，拒绝适应时代的变化。——译注

4　《加冕街》中的角色，脾气暴躁的老头儿，永远抱怨。——译注

5　《加冕街》中的角色，大学生，是少数见过街外世界的人。——译注

6　《加冕街》中的角色，曾是女招待，后来成为老板娘，喜欢豹纹衣和蜂窝发型。——译注

7　《加冕街》中的角色，红发性感女郎。——译注

8　《加冕街》中的角色，初为市场摊贩，后开办了自己的工厂，对工人比较严厉。——译注

1.摩斯探长

2.凯莉·布拉德肖

3.穆德和史高丽

4.福克斯·穆德

毛瓦特[1]、杰克·达克沃斯和薇拉·达克沃斯[2]、贝蒂·威廉姆斯[3]，他们被认为是真实存在的人，体现并反映了英国曼彻斯特工人阶级生活的紧张。《布鲁克赛德》《爱默代尔农场》和《东区人》也是英产肥皂剧中成功的例子，在这三部肥皂剧里，虚拟名流获得了在大众文化中更广泛的影响力。在英国，一个著名的例子是《东区人》里由罗斯·肯普扮演的人物格兰特·米切尔。20世纪90年代，观众普遍认为格兰特·米切尔体现了英国男性真实的紧张状态。随着女权主义和临时工化劳动力市场的兴起，他表现出了进攻性、挫折感和痛苦，如实反映了传统男性面临的挑战。

肥皂剧有一种把自己灌输到大众意识中的独特能力。作为每周电视广播的主食，它们提供了丰富的条件来发展叙事性，建立一种可识别的"生活片段"。肥皂剧中的虚拟名流根据收视率的要求，发展人物和事件的细微差异，与观众一起成长。《老友记》和《欢乐一家亲》等喜剧节目的成功更是证实了这一点。《老友记》里的人物，如虚拟名流瑞秋·格林、莫妮卡·盖勒、菲比·布非、乔伊·特里比亚尼和钱德

1　《加冕街》中的角色，爱好天文学。——译注

2　《加冕街》中的一对夫妻。——译注

3　《加冕街》中的角色，两次丧偶，育有一子。——译注

勒·宾在全球范围内获得了现象级的关注度。扮演这些角色的演员，如詹妮弗·安妮斯顿、柯特妮·考克斯、莉莎·库卓、马特·勒布朗和马修·派瑞，表演得如此出色，以致有被角色定型的危险。对扮演虚拟名流的演员来说，随知名度而来的是心理紧张：公众面孔威胁着要扼杀或压制真实的自我。

在本书中，我重点讨论后天成就及被造就的名流这两种名流，基于以下前提（稍后将论证）：名流文化仅仅产生于我们这个平民时代。二百五十年前，先天名流占据社会的主导地位。当时人们处于相对封闭与固定的社会，国君、贵族等构筑牢固的等级体系。在法国大革命爆发前，血统几乎是决定一切的。当然，在这样的社会中，一些后天成就的名流也有机会崭露头角，但丁、米开朗基罗、达·芬奇和莎士比亚等人都曾获得世界性的声誉——不是基于他们的血统，而是基于他们的成就。后天成就的名流也并非仅仅局限于艺术领域，财政、商业、发明创造等领域也存在着不少白手起家的"好汉"，他们也经历了向上流动，努力挑战传统等级与特权的界限。然而，无论如何，他们都要遵从皇家制定的社会秩序，不能越雷池半步。

法国大革命意在扫清所有的旧秩序，在世界范围内实现平等与自由。它宣告"新人"时代到来了，但这种说法并非第一次出现。古罗马时期的西塞罗就曾自称"新人"。不过，西塞罗是为了宣扬自己的主义而提出的，而法国大革命是为了彻底打破过去的暴政、专制和等级制度。

从严格意义上说，法国大革命并没有达到它的预期目标。血统仍然作为获得社会地位的根基存在，在拿破仑的统治下，许多基于血统的荣誉地位要么复苏，要么兴起。1804年，拿破仑自封为帝。但是，罗伯斯庇尔和其他革命领导人被复辟势力处死并不意味着法国大革命的精神从此荡然无存。罗伯斯庇尔宣称建立"美德共和国"，这一隐喻在西方被普遍视为乌托邦的形象。自相矛盾的是，消除特权的举动无意中为新形式的权力分配奠定了根基。名流文化正是反独裁精神的直接延续。虚拟名流反映了先天特权形式的衰落和社会阶层之间伟大的平等。

1.米开朗基罗像

2.《东区人》剧照

3.莎士比亚像

4.《老友记》剧照

了解名流：
三种方法

Understanding Celebrity: Three Approaches

在假定社会建构和名流之间的紧密联系时，我强调的是了解当代名人的特权历史的方法的价值。这种方法在以主观主义、结构主义和后结构主义占据主导地位的学术文献中并不总能得到支持。

主观主义：对名流的主观主义描述集中于个人特征假定的独特性。在这些描述中，名流被解释为天赋的反映。因此，正统的主观主义认为，没有人能唱得像卡鲁索[1]一样，就如同没有人能复制塞缪尔·贝克特[2]对人类状况戏剧化的洞察

1　卡鲁索（1873—1921），意大利歌唱家，被誉为歌剧史上最伟大的歌唱家。代表作有《艺术家的生涯》《丑角》等。——译注

2　塞缪尔·贝克特（1906—1989），爱尔兰荒诞派戏剧代表人物，1969 年获得诺贝尔文学奖。——译注

力，没有人能仿效沃尔特·马修[1]的暴躁或科特·柯本[2]非同一般的艺术焦虑。天赋被视为一种独特的、根本无法说明的东西。虽然通过训练，天赋可能会日臻完美，但它的独特性使它呈现为自然赋予的美妙礼物。正统的主观主义认为，观众之所以受到名人的特殊步态、面部轮廓、回应和说话方式的强烈影响，是因为化学物质在起作用。也就是说，这种化学反应不能被理性地解释。因为赋予某人名流身份的东西根本上被认作一个谜，所以欣赏胜于分析。可以这么说，应该让名流"为自己说话"，对于他们成名的原因，人们应为其惊奇而不是加以干涉。

尽管如此，可以说，主观主义的描述本身不是"自然"的。恰恰相反，它们反映了人类对因果关系的理解，而这种理解是通过脱离自然和迷信实现的。人类历史上第一批独特的人无疑是以他们的体力或智力为标志的，或者按怀疑论者说的，是以他们欺骗人的能力为标志的。也许是第一批观众把荣誉授予了那些被认为对他们投射超自然力量的非凡的人。当然，名流、宗教和魔法之间存在联系，我将在第二章进行更详细的讨论。

1　沃尔特·马修（1920—2000），美国喜剧演员，擅长扮演暴躁的老头儿。——译注

2　科特·柯本 1994 年由于焦虑、压力而自杀。——译注

1.沃尔特·马修

2.恩里科·卡鲁索

3.塞缪尔·贝克特

然而，现在来看看亚历山大大帝的例子。他可能有充分的资格要求将自己列为历史上第一个明确的未成形名流。亚历山大是马其顿国王腓力的儿子，他认为具有君主血统的名流被过度限制了。他瞄准一个更高的托词来解释他自身的荣耀和英勇事迹。他在军事上取得诸多胜利，他雇用了卡利斯提尼斯——这个人或许是第一个影响全球每个观众的政治公关顾问（高级幕僚），他想借此成为日常生活中无处不在、不容置疑的"存在"。他力图把自己塑造成一个与众不同的人、一个前所未有的人，以铭刻在公众意识中。通过代言人卡利斯提尼斯，亚历山大声称自己是荷马史诗里神的直系后代。

　　罗马皇帝也宣称与诸神有血缘关系。朱庇特、阿波罗、尼普顿和马尔斯是尤利乌斯·恺撒、马克·安东尼、奥古斯都和其他杰出领袖的精神之父。然而，罗马传统名流的显著特色在于，个人的虚荣心被包裹在国家的至上权力之中。卡利古拉和尼禄是罗马文化中臭名昭著的人物，因为他们把对个人利益的追求置于国家利益之上。在古罗马，名人被认为是其所处阶级的价值观和帝国首都所有荣誉的完美代表。比起亚历山大的传统，宗教和国家荣誉与政治的纠缠更深。皇帝的排场和气势反映了罗马的强权和荣耀。公众责任感是名流身份中暗含的一部分。由于炫耀公众问责制，卡利古拉和尼禄招致了责难。

这里或许值得进行严格的区分。臭名昭著之人在通过影响公众意识而发挥影响力方面类似于名流。但是，名流在一个格外注重秩序的一般道德框架里发挥作用，臭名昭著通常意味着失检、越轨和不道德。稍后我将稍微修改这个区别，因为我认为今日的名人经常违反普遍的道德准则，如过度炫耀性消费，暴露对性欲的满足，滥用药物，酗酒，使用暴力，等等。因此，名流还可能被认为是在利用支配日常生活的经济和道德框架固有的盈余物质和象征性价值。在这一点上，可以这么说，名流是盈余的化身，因为它比非名流辐射出更大的物质和象征性力量。如果盈余的化身意味着更高的地位，那么它也允许更大范围的过度行为。实际上，名流常常和失检联系在一起。名流似乎存在于和我们普通人不一样的世界，这个事实似乎给了他们某种许可，可以让他们去做普通人只能梦想的事。

亚历山大和罗马传统里，未成形名流的身份在公共场合得到肯定和再次确定，与爱出风头、戏剧性事件、炫耀性消费、赞誉有关。作为公共生活的剧院是声名显赫和声名狼藉的舞台。在古代社会，铺张、颂扬和无节制是名流文化的显著特征。因此，经常与当代名流联系在一起的爱出风头之风

1.布兰妮·斯皮尔斯

2.罗宾·麦罗林·威廉姆斯

3.布鲁斯·威利斯

4.戴安娜王妃

5.阿诺德·施瓦辛格

在古代社会是可预见的。有人可能会说，当布兰妮·斯皮尔斯、阿诺德·施瓦辛格、罗宾·威廉姆斯、布鲁斯·威利斯或卡普莱斯通过公开演出赢得了赞誉，他们证实了神已落到了地面上（已走下了神坛）。

马克斯·韦伯是一位著名的纯粹主观主义批评家，但他依然想出了"魅力"这一概念，以表达个人所具有的特殊或独特的品质。[1]他认为，按照定义，魅力型权威是富有感召力的。它显然取决于奇迹或半奇迹事件。比如，预言成真、永远胜利的战争、永不动摇的治愈力量、一而再再而三成功的艺术表演，所有这些特征都已在现代名流概念里有所暗示。

韦伯认为，大众对非同一般的个人素质的深信，赋予个人以魅力。超自然力量常常被归为魅力背后的原因。也许，对这些奇特之处的超自然和有神论的解释比主观主义的描述要古老。

面对解释行为的神灵启示和人皆有错这两个选择，人们会理解为什么亚历山大、西塞罗、尼禄都渴望与神有血缘关系。名流具有超自然力量或有神性这种认知，也并非完全过

1　参见马克斯·韦伯著《社会组织和经济组织理论》（纽约，1947）。——原注

时。约翰·列侬抱怨残疾人经常在演唱会上竭力寻找甲壳虫乐队，把他们当作神迹工作者。

很多流行的名人传记文学都基于主观主义假定。例如，流行的连锁书店传记文学声称将永远不会出现第二个约翰·列侬，再也见不到像玛丽莲·梦露的人，伊娃·贝隆（贝隆夫人）和戴安娜王妃在人类经验中是无与伦比的。因此，纯主观主义认为名流是独一无二的。把名流与观众联系起来的文化中介被认为是交流的催化剂。但是，名流的位置是属于表演者的举世无双、天赐的创造性礼物。

结构主义：不同于主观主义的描述，结构主义着重于人类行为和指导行为的语境的相互关系。结构主义拒斥了赋予公认的、奇特的或独特的名流素质明显意义的解释，相反，将名流视为文化中普遍存在的结构规则的表达。广义而言，这种理解名流的方法常可分为三种社会结构论：文化产业论、治理性理论和类型理论。

文化产业论与法兰克福学派社会批判理论有关。该观点认为有组织的娱乐是一种社会控制。好莱坞机器、锡盘巷[1]和娱乐业的专门公司被描绘成社会行为的铸模者（塑造者）。

1　始于19世纪末。当时，在美国纽约忙碌拥挤的西28街上云集着许多流行音乐出版商的办公室，这些音乐来自钢琴演奏家、歌曲作曲家或试唱者。——译注

它们的最终目的是加固和扩展资本的规则。名流被概念化为资本主义达到征服与剥削大众这一目的的手段之一。他们表现出一种在规范化、单调和程式化的社会条件下的个人英雄主义、向上流动和可选择的意识形态。因此，大众对名流的认知总是虚假意识[1]，因为名流不被认为是现实的反映，只是为了加固资本的规则而虚构的。

起初，资本主义设法监管游戏和娱乐，因为任何试图取代工作的主要生活趣味都威胁着这个体制的经济生存。家庭、国家和宗教产生了种种道德规范模式，用来控制欲望，确保人类遵从生产体制。但是，随着生产力和生产关系的发展，消费文化发展了，人们的休闲时间增加了。用于工作场所和家庭压制个体的原则，延伸到了购物中心和消遣活动中。娱乐产业和消费文化催生了赫伯特·马尔库塞[2]所谓的"压抑性反升华"。[3]通过这一过程，个体下意识地接受了异化文化的价值观，于是不知不觉地认同人类堕落的说法。

名流似乎能让观众获得一种从困扰他们的日常生活的苦难中解脱的感觉。然而，因为资本主义制度下异化的普遍情

1　个体无意识地处于受人控制的状态。——译注

2　代表作有《爱欲与文明》。——译注

3　参见赫伯特·马尔库塞所著《单向度的人》（伦敦，1964）。——原注

赫伯特·马尔库塞

况，这种解脱除了表现为一种疏离和短暂的形式，永远不能为任何事情负责。在20世纪60年代马尔库塞的影响力达到巅峰时，他提出，"压抑性反升华"完全利用群众的力量去抵抗。后来他修改了这个观点，认为，在社会中可能被称为"反律法主义"的阶层里，尤其是艺术家、波西米亚主义者、学生和失业者，可能会尝试挑战资本的规则。[1]

　　一种截然不同的左翼传统认为，资本主义和社会主义正

1　参见赫伯特·马尔库塞著《审美之维》（伦敦，1978）。——原注

在不断地融合以创建一种新的压制体制，其中的名流文化迷惑了大众。对居伊·德波[1]来说，工业文化首先是一种符号文化。[2]名流文化是为了引导大众进入模仿式消费模式。一个围绕控制符号学组织起来的体制最终消除了对身体压制的要求。统治是世界性的，通过后天成就的名流和景观社会符号进行运作。但是，这种说法因过于听天由命（宿命论）而饱受诟病。它确认了在名流和景观的统治下无处可逃。事实上，这个立场是对当代反主流文化的极度蔑视——认为它将不可避免地被名流文化吸收。

总的来说，照埃德加·莫兰[3]所言，名流确实满足了娱乐巨头对他们的要求。[4]在这个意义上，他们是资本的仆人。一旦名流对大众的控制被认定已衰退，娱乐业便倾向于抛弃他们，没有比这更严酷的说明了。肯尼思·安格尔关于20世纪20年代到80年代处于低谷的好莱坞明星自杀、失控、毒品

1　居伊·德波（1931—1994），理论家、电影导演和社会运动者，是情境主义国际（简称SI）的创始人和理论贡献者。代表作有《景观社会》，其中激烈地批判资本主义的"景观社会"。——译注

2　参见居伊·德波著《景观社会》（伦敦，1967）。——原注

3　埃德加·莫兰（1921—　），法国当代哲学家、社会学家，被誉为当今最重要的社会思想家。——译注

4　参见埃德加·莫兰著《电影明星们》（纽约，1960）。——原注

埃德加·莫兰

成瘾的详细目录，提供了警世的数据。[1]而 O. J. 辛普森和加里·格利特在他们不道德的私生活被曝光以及随之而来的法庭案件被大肆报道后遭到公众羞辱、事业衰退的例子，也为当今时代的我们所目睹。

莫兰的作品对颠覆名流由文化产业创造这一命题有重大意义。据他所说，名流的经历不能创造名流的吸引力。这种吸引力也不能用名流天生的才能来解释。相反，莫兰倾向于这样一种关于名流的解释，这种解释探讨名流的力量作为观众被压抑的需求的一种投射。根据这个解释，名流类似于变压器，积累或扩大观众的非人性化欲望，并通过戏剧化的公开表达和释放，暂时地使它们重新人性化。因此，莫兰颠覆了法兰克福学派强调统治阶级是名流吸引力背后的原动力的说法，他认为，我们被名流吸引，是因为名流被描述为我们自身普遍存在的心理缺失的对立面。

对莫兰和其他人来说，资本主义社会的生活关系构成了一种虚幻的状况。也就是说，通过异化人和人之间的关系，意识形态和商品化起到了疏远人性、使人性堕落的作用。这是因为资本主义如此彻底地使我们疏远彼此，并远离我们的

1　参见肯尼思·安格尔著《好莱坞巴比伦》（纽约，1975）、《好莱坞巴比伦2》（伦敦，1984）。——原注

本性，我们把对归属感和获取成就的幻想投射到名流身上，也就是说，在商品文化中自我的理想化形式常常被降格。至于名流的自主权，自主权总是假想的存在。的确，对法兰克福学派而言，名流被描述为统治力量的导电杆；而对莫兰而言，名流是观众受挫欲望的表达。不过，对二者而言，名流最终都被分析为意识形态的化身。

马尔库塞、德波、莫兰和其他作者是批判马克思主义理论的重要人物，但他们仍然忠于马克思主义关于意识形态、阶级和超越的概念。结构主义通过治理性的棱镜来看待名流的方法不正确。无论表达是否明确，这里决定性的影响在于米歇尔·福柯。可以说，他对治理性问题的贡献恰到好处。马克思主义传统支持将压迫和控制个体行为的外衣包住这一隐喻：阶级、异化、意识形态、商品化只是头脑中涌现的一些概念。相反，福柯提到治理性的应用时强调控制体制和秩序的分裂，他主张社会秩序由权力话语创造。[1]话语可以被认为是由一种与象征资本和实践规则相关的独特的修辞语言以及社会现实主义范本组成，这一范本将一些行为模式视为真实、相关的，而将其他行为模式视为无关紧要、微不足

1　参见米歇尔·福柯著《词与物》（伦敦，1970）。——原注

道的。

话语是阐明权力制度的手段。例如，20世纪80年代到90年代发展起来的新右派的主张是，存在一个"无可替代的"市场组织，优先考虑一种本体论（存在论）和认识论（科学理论或知识标准理论）形式，并试图将他者置于历史的垃圾箱中。注意，话语并不主要依靠物理力量来达到效果。相反，它们有效地利用象征性的策略和修辞达到对社会实践的掌控。此外，由于秩序被设想为一种权力体制，其中各种专门的话语以一种永久性张力状态共存，福柯认识到社会和文化再生产的暂时性。话语受到挑战，而话语进行抵抗。因此，治理性总是一个作用与反作用的问题，在这个问题上，社会力量以战略组合的方式安置和重新配置。

在对名流的研究中，大卫·马歇尔充分发展了这种方法。他认为，名流起到了政治作用。这种作用表现为清晰地阐明各种形式的主体性并使之合法化，以增强个体性和个性价值。[1]通过这些手段，秩序和服从被再生产。举例来说，皮特·桑普拉斯、"魔术师"约翰逊、玛蒂娜·辛吉斯、林德赛·达文波特、"老虎"伍兹、迈克尔·欧文和大卫·贝

1　参见大卫·马歇尔著《名流与权力》（*Celebrity and Power*，明尼阿波利斯，1997）。——原注

1.米歇尔·福柯

2.林德赛·达文波特

3."魔术师"约翰逊

克汉姆等体育名流乐享的卓越地位，强调了自律、训练和物质成功之间的联系，说明他们是"我们所有人的榜样"。这些体育名流往往被描绘为极有才能和努力奋斗的个体，他们促成个人主义和个人竞争力的双重准则在社会上占有卓越地位。与此同时，名流的体育成就对运气的强调鼓励大众，与其质疑如此不平等地配置人生机会的体制的分配逻辑，倒不如采取宿命论的态度。

由名流主演的电影的情节也被卷入同一过程。汤姆·克鲁斯在《壮志凌云》（1986）里，哈里森·福特在《夺宝奇兵》和《星球大战》系列里，连姆·尼森在《辛德勒的名单》（1993）里，布鲁斯·威利斯在《虎胆龙威》系列里，梅尔·吉布森在《致命武器》系列里，汤姆·汉克斯在《阿甘正传》（1994）里，从本质上讲都是在演绎道德故事，善良战胜邪恶，功绩得到奖赏，正义得到伸张。

马歇尔主张，名流显然是一种社会构建，其中大众传媒在治理人口上起着主导作用。治理通过提供适当的角色榜样、道德故事来完成，这些道德故事不是让普通人顺从他们的次级地位，就是提供逃避艰辛生活的空想。但是，他希望把观众作为具有创造性的中介这一观念纳入对名流含义的研究中。为此，他提出了"受众主体性"这一术语，来说明受

1."老虎"伍兹

2.迈克尔·欧文

众类型或形式与特定文化产业之间围绕名流公众面孔的持续谈判。马歇尔的转变，旨在既转移了归因于全能的大众媒体的分析，又提出了在名人体制的构建和发展中，受众必须被视为复杂的具有创造性的中介。

马歇尔的论述把名流体制的兴起与19世纪和20世纪治理性的主要问题即控制人群联系起来。引用加布里埃尔·塔尔德和古斯塔夫·勒庞关于城市治安的经典著作[1]，马歇尔主张，城市工业环境中的人口集中，不可避免地会引发对公民抗命和社会失序可能性的公众焦虑。塔尔德和勒庞都发展了一种对法治政策有着重大影响的群体行为社会心理学。他们工作的一方面就是确认象征性权力在规范大众行为方面的价值。大致上同一时期出现的精神分析法，通过赋予社会生活行为中的象征、符号和隐喻显著意义来强化这一点。马歇尔将名流体制与治理城市工业人口的起因联系起来。他认为"名流试图牵制大众"（原书强调这一点）[2]，他们主要通过象征性手段做到这一点。也就是说，他们呈现了鼓励受众认同的主观偏爱的范例。他们可谓现代民主的"明星警察"。换

---

1 参见加布里埃尔·塔尔德著《社会规律》（巴黎，1895）、古斯塔夫·勒庞著《乌合之众：大众心理研究》（纽约，1901）。——原注

2 参见马歇尔著《名流与权力》。——原注

句话说，他们辐射着魅力和吸引力，并以他们所能成就的形式自然地表明，这个体制奖赏才能，珍惜向上流动。

马歇尔并没有轻视名流有变革的力量这一说法。相反，通过认同后天成就的名流为"大多数人中"取得巨大成就的男人和女人，他承认名人权力中的一种关键能力。例如，诺埃尔和连恩·盖勒格有能力批评那些使大众顺从的话语制度，就像20世纪60年代列侬、麦卡特尼、迪伦和皮特·汤森、20世纪70年代和80年代 The Clash 乐队、"性手枪"乐队和 The Jam 乐队所做的那样。然而，在给予名人权力包含的角色特权方面，马歇尔表明，对既定权力制度的共同选择是公认的发展过程。换句话说，他的分析预言年轻激进分子的命运是成为"陈府"（当局）的傀儡，观众最终都会温顺服从。

有趣的相似之处见于彼得·比斯金[1]关于20世纪60年代和70年代好莱坞电影导演崛起的研究。[2]他描述了这些导演如何兴起并打破了制片厂制度：彼得·博格达诺维奇、弗朗西斯·科波拉、斯坦利·库布里克、丹尼斯·霍珀、迈克·尼科尔斯以及后来的马丁·斯科塞斯、史蒂芬·斯皮尔伯格、保罗·施拉德、布赖恩·德·帕尔玛和泰伦斯·马利克。在

---

1 著名影评人，编有《好莱坞年代史》。——译注

2 参见彼得·比斯金著《逍遥骑士，愤怒公牛：新好莱坞的内幕》（伦敦，1998）。——原注

这个制度的黄金时代，大约在20世纪20年代到50年代，制片人为王。大卫·塞尔兹尼克、杰克·华纳、路易斯·B. 梅耶尔和塞缪尔·戈德温等巨头无情地把持着整个产业，生产和毁掉明星，单方面修剪剧本，解雇反抗的导演。他们的权力把他们自己变成了名流，令好莱坞知识分子惧怕，而且被大众公认为电影圈的真正法老。通过制作非正统反文化的票房叫座片，比如《逍遥骑士》《邦妮和克莱德》《最后一场电影》《唐人街》，电影导演们一时间成功地颠覆了这个体系。比斯金吸引人的描述揭示了一些顶尖导演的宏伟愿望、他们之间的争吵和内斗如何在20世纪90年代共同制片厂权力的复兴中逐渐告终。新一代的制片人纷纷崛起，包括唐·辛普森、杰里·布鲁克海默、迈克尔·艾斯纳、乔·罗斯和巴里·迪勒。像迪士尼、索尼和梦工厂这样的娱乐公司也在投资和出品电影。

比斯金所描绘的是一个经典的名流共同选择的过程，其中顶尖导演和明星的独立性慢慢地被已建立的制度再定义、再吸收。这并不是说好莱坞的新娱乐公司在简单地重现好莱坞巨头的黄金时代。比斯金关切地指出，新的权力体制已经从导演们创造新的受众主体性的创新与成功上吸取了教训。但是，在这样做时，他最终证实了马歇尔的命题，共同选择财团控制是市场社会的主导和长期趋势。

乔西华·盖姆森的作品广泛地证实了马歇尔论及的名流与治理性之间的关系，但是没有后者相当偏颇的政治敏感性。事实上，盖姆森的作品是一种对名人典型的自由、进步的解读。虽然他认识到操作、神秘化、人为和控制的过程对名流体制而言是必不可少的，但他主张"当观众玩弄名流时，他们是在玩弄民主权力的困境"。[1]因此，娱乐业不仅是商业文化的一面镜子，也是公民教育的一部分。通过研究娱乐界人士，公民更多地了解了在一个救赎世界里整个体制如何运作或为何能够运作。

这不是一个令人反感的立场，但无疑是一个轻率的立场。问题在于：名流体制如何教育大众？为什么一些形式的策略会使人信服，另一些则以失败告终？名流体制把哪些矛盾心理透明化，又封堵了哪些呢？公平地说，盖姆森触及了所有这些问题。但是他从未以连贯可靠、始终如一的批评方式抓住它们中任何一个。即便如此，他关于名流与政党政治勾结的观察还是很有新意的。政治上的成功要求比尔·克林顿、乔治·W.布什和托尼·布莱尔这样的领导人必须扮演

1　参见乔西华·盖姆森著《声名远扬》（*Claims to Fame*，伯克利，1994）。——原注

1.鲍勃·迪伦

2.詹姆斯·保罗·麦卡特尼

3.汤姆·克鲁斯在《壮志凌云》中的剧照

4.连姆·尼森在《辛德勒的名单》中的剧照

1.丹尼斯·霍珀

2.杰克·华纳

3.迈克·尼科尔斯

4.保罗·施拉德

5.马丁·斯科塞斯

6.杰里·布鲁克海默

7.斯坦利·库布里克

8.皮特·汤森

9.弗朗西斯·科波拉

他们的公众面孔。当这种情况出错时，就像莫妮卡·莱温斯基事件中克林顿遭遇灾难性后果一样，真实自我和公众面孔都遭遇了破坏性的问题。

结构主义的第三种结构论假定名流是社会上所谓的性格基本类型及其化身的延伸。据奥林·克拉普所说，所有的社会团体都设计出能够充当领导角色榜样的人物类型。[1]古时众神规定了神话叙事和评估人类性格和行为的具体事例的标准。许多古时的角色榜样和行为标准继续塑造着我们对勇气、崇高、智慧、美丽和正直的认知。因此，由好莱坞影星如约翰·韦恩、哈里森·福特、凯文·科斯特纳、梅尔·吉布森和克林特·伊斯特伍德塑造的英勇豪迈的男性角色借鉴了这些榜样和标准。

克拉普并未假定当代基础类型的古老根源。事实上，他论点的一个明显弱点是缺乏合理的历史维度。因此，他的论述没有解释社会类型的起源，也没有讨论其构成和影响的历史变化。相反，他把他的任务限于分析当代社会的基础类型、与大众传播产业成功有关的类型的受欢迎程度。在社会类型中，他所认同的有英雄、好好先生、恶棍、硬汉、势利

1　参见奥林·克拉普著《英雄、恶棍和傻瓜》（恩格尔伍德克利夫斯，1962）。——原注

小人、假正经和爱的女王。名流被理论化为这些基础类型的化身。在克拉普对20世纪60年代美国的解读中，佩里·科莫、鲍勃·霍普、露西尔·鲍尔、平·克罗斯贝和威廉·霍顿代表了好好先生；莎莎·嘉宝、格蕾丝·凯利和凯瑟琳·赫本体现了势利；欧内斯特·海明威和虚拟名流如电影《小凯撒》里的黑帮、米基·斯皮兰创作的神探麦克·汉默是硬汉的化身；而玛丽莲·梦露和艾娃·加德纳是爱的女王的人格化象征。克拉普主张名流体制为文化引领、社会仿效和心理强化提供了重要来源。

虽然克拉普没有将自己的研究与欧文·戈夫曼的社会学著作联系起来，但是二者具有相似性。[1]戈夫曼运用戏剧方法[2]分析日常生活，根据"脚本""角色""表演"探讨人与人之间的互动。由此，名流可以被解读为人的性格及其化身的普遍特征或愿望的集中、理想化形态。但是，戈夫曼的方法更成功地展示出，为了制造社会冲击，表演是如何被经济力量和文化力量操纵和神话化的。相比之下，克拉普的基

1　参见欧文·戈夫曼著《公共场所的行为》（伦敦，1963）和《互动仪式》（纽约，1967）。——原注

2　又称拟剧论，借助喜剧的类比对日常生活中人与人的相互作用进行研究，是从符号互动论发展出来的。——译注

1.鲍勃·霍普

2.佩里·科莫

3.约翰·巴里摩尔

4.凯瑟琳·赫本

5.艾娃·加德纳

6.莎莎·嘉宝

7.平·克罗斯贝

8.露西尔·鲍尔

础类型理论倾向于用一种自然主义方法来解释名流。

虽然名流被认为是基础社会类型的反映，但是在构建名流的过程中经济、文化和政治权力的运作是克拉普的研究中缺失的一个维度，这严重限制了其理论的用途。它也未能解决名流竞赛中增长的声名狼藉和哗众取宠的问题，这是当今名流化进程中一个重要特点。

20世纪20年代，银幕偶像如约翰·巴里摩尔、道格拉斯·费尔班克斯和鲁道夫·瓦伦蒂诺的流行，也已经用后结构主义的术语解释了。也就是说，他们被认为是对妇女解放和经济不确定性所造成的男性认同危机构建的反应。盖林·斯图拉的中心命题是，在20世纪20年代，男性气概的既定规范概念正在瓦解。[1]当时的媒体忧心忡忡，社会中女性更多的公共参与和更大的权力会创造出"女人造就的男子气概"。这就和中性人、消极的性特征联系起来。传统的理想男性气概处于巨大的压力下，而且男性对他们在后父权文化中的新角色感到困惑。在这种文化语境下，20世纪20年代男性名流的身份可以解释为对性政治危机精心设计的文化反应。因此，道格拉斯·费尔班克斯的广受欢迎被解释为退却

1　参见盖林·斯图拉著《疯狂的假面舞会》（*The Mad Masquerade*, 纽约，1996）。——原注

到童年浪漫主义的逃避主义，它重申了冒险和行动的"自然"男性气概的价值。巴里摩尔和瓦伦蒂诺是超级英雄的理想化版本，光荣地摆脱了牵累观众的性焦虑和经济焦虑。相形之下，瓦伦蒂诺身上精心设计的"异国"情调通过暗示美国男性性格中的阴柔来挑战影迷们。由演员朗·钱尼发展的名流建构或许是这个分析里的一个有趣变体。疏离、痛苦、怪诞成为钱尼的标志，可能被视为对逃避现实主义者的极端否定，是对以费尔班克斯、巴里摩尔和瓦伦蒂诺为代表的理想化男性气质类型乃至美国消费文化的极端否定。钱尼的角色证明了标准男子气概理想的破碎，并戏剧化地让观众远离理想化的角色榜样和性政治日常焦虑。

从20世纪60年代到80年代，结构主义者对名流的解释具有非常大的影响力。他们似乎提供了一种科学地理解名流的前景，而且避免了主观主义的自然主义谬误。他们就名流影响力的确定的、累加的结构来解释其成因：文化产业、资本主义、男性气概。考虑到同好杂志（粉丝专刊）、名流授权的传记或自我报道的描述，极力贬低这些解释的修辞力量，将是不明智的。另一方面，结构主义者很少费事去检验他们以经验为主的命题。在很多情况下，这夸大了社会控制结构的重要性，使得采取抵抗行为的社会行动者的知识、技能和力量失效。例如，在文化产业论的最强版本中，名流被解释为娱乐巨头、公关专家和形象制作者操纵影响力的胜利，观众的知识、欲望和判断被排除在外。

结构主义者的描述也有夸大结构力量的均匀性的倾向。娱乐产业的文化资本与国家机器不像统一的无差别整体。相反，从品味文化、分裂和偶发的协商解决这方面来观察更准确。通过这种方式观察结构的影响，对社会变革以及名人管理的政治有了更令人信服的分析。

后结构主义：不是聚焦于具体名流与他们背后的历史结构之间的关系，其描述集中于无所不在的名流形象和表现代码，通过这些代码，这个形象被复制、发展和消费。理查德·戴尔[1]可能是那些持"明星代表了当代社会中行为、感情和思想的典型方式"这一观点的主要人物。[2]这似乎采用了名流代表了人物性格的基础类型及化身这一观点，但是戴尔确信必须始终联系历史、文化和社会经济学语境来剖析基础类型。那么，对名流的描述和历史、文化、社会经济学语境之间存在着一种交互作用。用后结构主义的术语来说，名

1　电影史学家，国外学者中研究明星的重要奠基人，代表作有《明星》，将明星的研究用文本化的样式规范，提出了"明星形象"这一极为重要的概念。——译注

2　参见理查德·戴尔著《天体》（伦敦，1986）。——原注

朗·钱尼

流被互文性地构建和发展。

　　与结构主义和主观主义相反，戴尔主张，无论是结构决定论还是"人的原材料"论，都不足以解释后天成就的名流。相反，人的心理和身体构成了一套资源，这套资源必须由承担为大众消费设计名流任务的文化产业中介即大众媒体来修饰和完善。

　　从表面上看，这可以用来证明文化产业论的论点，因为它似乎假定管理并向公众展示名流的制片人拥有终极的权力。然而，后结构主义方法的核心是明星形象受到大众传媒和受众创造性同化吸收的扭曲、修正。因此，一种分散的权力观被清晰地阐明，其中，名流被视为一种不断发展的互文性表达领域，在这个领域，意义的组合多种多样。变化源自该领域参与者赋予名流的不同的结构和变形，这些参与者包括经纪人、媒体人员、八卦专栏作家、制片人和粉丝。

　　对于明星，理查德·德科尔多瓦也主张用互文的方法来解释。[1]明星的意义由他们的电影剧目来组织，通过传记、自传、采访、批判研究、报纸文章和粉丝响应的形式进行宣传。对于德科尔多瓦来说，明星的这些方面是名流生产和消

1　参见理查德·德科尔多瓦著《电影名人：美国明星制的兴起》。——原注

费的重要组成部分。同时，后结构主义既以表演者为中心，又通过将名流的存在和意义与不断发展的利益领域联系起来而偏离了这一中心。

因此，后结构主义方法将个体和个体化观念视为固有的问题。通过将名流作为生产、表现和消费领域，它们放下了主观主义者优先考虑名流的性格、天资和具象化表现的意义这种观点。同样，通过将名人作为一个确定的利益领域具有互动性质的新兴财产，后结构主义超越了常常与结构主义关联的整体性、静态分析的问题，戴尔对朱迪·嘉兰在男同性恋群体中的偶像地位的分析，说明了名人形象消费中的变形和重新分配过程。[1]嘉兰的公众面孔是一位伤痕累累、受挫、被误解的天才，这一形象表明其在表达身份和欲望方面与男女同性恋者的经历有相似之处。从很多方面来看，这样的公众面孔使嘉兰少时树立的《绿野仙踪》中的多萝西童星人设失效了，她的个人问题引起了相当多人的共鸣，这在她的粉丝群体、经理人、宣传人员以及职业顾问的顾虑中浮现出来。最重要的是，后结构主义方法证实了将名流理解为一个发展中的权力关系场的重要性，强调了公众面孔的易变性和矛盾性。

1　参见理查德·戴尔著《天体》（伦敦，1986）。——原注

表面关系
和
名流介入盾牌

Surface Relationship and Celebrity Involvement Shields

　　研究名流的这三种主要方法都强调了大众媒体的中心地位，而且理由充分。名流和粉丝之间的关系是通过代理人来调解的。正如我们看到的，"面对面"接触可能与粉丝如何看待名流的公众面孔产生冲突。尽管社会名流种类日益丰富多样，但这样的"面对面"比较少见。大众媒体构成了粉丝与名流接触的主要渠道。舞台、屏幕、音频节目和印刷文化，是表达各种各样的名流文化的主要体制机制。每一种都以名流与受众之间的距离为先决条件，事实上，名流文化是一种势不可当的表面关系文化。

　　至于名流和粉丝的关系，名流通常会发展戈夫曼所说的"介入盾牌"，把真实的自我隐藏在公众面孔后面。当名流参加以他们的名义举办的公众庆典或其他典礼时，这些盾牌就会被举起。尽管如此，名流对他们粉丝的普遍态度就如和抽象的他者谈判一般。这种态度必然会导致名流和粉丝只发生表层的零散的身体接触，因为名流的真实自我在先验的基础上被隐藏了。通过"零散的身体接触"，我指的是偶然的接触，名流无法为了一个依脚本设计好的场合而准备和改进一个无懈可击的公众面孔。在这种情况下，真实的自我和受众之间的调解或许可以理解为片面的、粗略的和令人不满意的。这并不是说，如果你在街上偶然遇到乌玛·瑟曼、马特·达蒙或托尼·布莱尔，他们会对你不客气。但是这也许强化了常识性预设，即偶遇这种情况很少允许他们做出比表面寒暄更深入的行为。

粉丝和名流的关系怎么样？这里互惠关系围绕着匿名的消费者和公众面孔构建。对公众面孔和粉丝之间的依恋边界并没有清晰的划定。消费名流产品，在一般的社会互动中强化公众面孔，只不过是依恋的外在表现。在更深的精神层面，粉丝会接受公众面孔的价值观和风格，而且在某些情况下产生难以控制的痴迷。在粉丝与家庭和亲属网络中的重要他者隔离或分离的情况下尤其有可能发生。隔离会造成对名流公众面孔的过度认同，并产生占有名流的欲望或剥夺公众面孔的意愿。我在第四章中剖析了跟踪者与名流。这里值得注意的是，1989年，情景喜剧《我的妹妹山姆》的主角丽贝卡·沙弗尔被一个强行闯入她家中的痴狂粉丝谋杀。1999年，当红的英国广播公司主持人吉尔·丹多在自家门口被一名跟踪狂枪杀。这一暴力行为表明了一些粉丝为名流形象滋生的幻想和痴迷的强度。这些幻想和痴迷可能会向内攻击自己，所以，当名人去世时，粉丝便认定自己不再值得活着。鲁道夫·瓦伦蒂诺、"猫王"埃尔维斯·普雷斯利、科特·柯本和约翰·列侬去世，紧接着一些自杀行为被报道出来。

观众通过抽象的欲望对名流做出反应。这种欲望是可流转的，就像它对商品和品牌创新的响应一样，这一点在青年文化中尤其明显。流行音乐史上到处都是红极一时的青少年音乐：70年代出现的Sweet、湾市狂飙者和大卫·卡西迪；80年代出现的Bros、亚当·安特和安德鲁·里奇利；90年代出现的切斯尼·霍克斯、克里斯·克罗斯和香草冰。同样明显的是，一位重要名流去世后，自杀事例就会出现。在这一点上，粉丝的欲望压倒了个人的幸福。抽象的欲望是活着的唯一理由，当这个欲望的投射即名流去世时，粉丝的生命就变得毫无意义。这种抽象的欲望和具象的幸福的极端分隔，在粉丝自残、药物依赖和酗酒的实例中同样明显。在这些实例中，粉丝力图否认未实现欲望的痛苦。

这些例子表明，名流的公众面孔和粉丝圈的边界非常模糊。此外，粉丝圈可以是令人沮丧的，也可以是令人兴奋的，可能造成精神上的伤害而不是满足。但是，一个粉丝为了名流而发展的心理迷恋，很少以身体攻击、谋杀或自杀告终。即便如此，心理迷恋仍可能是个人和亚文化历史上认同形成和排序的一个重要因素。

对集体记忆和英国王室的研究发现，王室成员的出生、婚姻和死亡等事件为回忆个人经历提供了框架。这种情况下的认同形成并不一定建立在对公众面孔的价值和风格的内向投射上。人们可能会对王室公然表达冷嘲热讽，并且嘲笑他们的庄重和先天优越感。在大多数粉丝和名流的关系中，角色距离是重要因素。"狂热分子"这一流行概念是有局限性的，粉丝们能肯定迷恋，也能放弃迷恋。集体记忆受到名流历史的影响，仍然有文化方面的意义。因此，个人传记中逝去的时光可以通过参考名流历史上的外部事件而回想起来。

奇怪的是，名流文化的表面特征具有启发性。除了宗教，名流文化是唯一的，其间通常是相互的激情起作用而没有身体互动的人际关系集群。粉丝和名流之间互动的一般形式，采取了消费者吸收媒介形象的形式。同样，名流和粉丝见面可能通过集会和公众活动或面对面的接触进行。但是，他们通常将粉丝作为一个抽象概念，这个印象是通过大众媒体转变而来的，而不是通过直接或持续很久的面对面互动得来的。

将名流与宗教相比似乎跑题了。毕竟，宗教是在普遍存在的秩序中形成的信仰，在信仰中，强大持久的依恋被分配给与精神相关的物或人。一个著名的人文学科观点认为，宗教信仰基于神圣与世俗的二分法。属于神圣层面的物和人被概念化为纯洁和具有力量的精神实体，与凡人生活的世俗层面形成对比。

有些名流确实宣称有神圣和精神的品质，拿破仑和希特勒在他们的时代被当作各自国家的救世主而备受崇拜。但这种崇拜是有条件的。他们是体现马克斯·韦伯认定的魅力形式的典范，宗教源自对非凡属性的信仰。当拿破仑和希特勒开始遭受军事挫折时，他们的魅力地位衰落了。无论如何，这些人物的魅力永远不会近似普遍的无条件的信仰，那是基督教和伊斯兰教的基本特性。

因此，许多事情提醒人们不要过分热衷于将名流与宗教做比较。尽管如此，现代基督教会确实采纳了不少消费文化的方法来传教与沟通信仰。迪士尼乐园就曾开展过宗教活动，基督教艺术家们在舞台上表演，传教者在舞台上传播福音。教会开设网站传播宗教知识，用电子邮件进行广泛的沟

丽贝卡·沙弗尔

通。宗教信仰正重新配置，好宣扬教义，团结信徒，以应对全球化的根除效应。这些回应是借助大众传媒传播的，所以，教会借用了名流文化的风格与形式。我们需要检验的是，在名流文化与宗教之间是否存在一部分或完全的一致性。

第二章
名 流 与 宗 教

Celebrity and Religion

　　名流崇拜通常被公众指责为偶像崇拜，带有奴役、虚假意识和邪恶的意思。更无聊的是，它总与轻浮和肤浅相关联。事实上，粉丝与名流之间的关系通常是非同寻常的单向情感寄托，即粉丝向名流投入了强烈的情感。

　　"鬼迷心窍"的粉丝总在心里幻想自己与名流的亲密关系，在极端的例子中，这种关系甚至取代了现实生活中的婚姻、家庭和工作关系。例如，弗莱德和朱迪[1]曾访问过很多粉丝，目的是探查隐藏在他们狂热背后的原因与动机。报道中，一位名叫乔安妮的中年妇女是巴瑞·曼尼洛的粉丝，已经是三个孩子的母亲了。她承认，当她与丈夫做爱的时候，正是把他幻想成了巴瑞·曼尼洛。她将自己对巴瑞的崇拜与

1　参见弗莱德·维莫雷尔和朱迪·维莫雷尔所著 *Starlust*（伦敦，1985）。——原注

自身的宗教经历做比较，两者同等程度地为她提供了一种坚实的力量。

其他被访者称，他们总是沉浸在对名流幻想的神游中。这些极具想象力的意识将他们自身投射到名流身上，并且让他们感觉自己很具吸引力。粉丝对名流的高度模仿体现在他们的衣着、语言和休闲活动中，但他们很少通过整形手术获得与名流相似的面孔。一般来说，名流是一种想象的资源，在艰苦的岁月里，粉丝通过这种资源获得慰藉，而在成功之后，这些想象又给予他们智慧与快乐。但极具讽刺意味的是，因为粉丝注定无法与名流进行亲密的交流，憎恶与崇拜便只是一步之遥。

像乔安妮这样的粉丝，其对名流的情感既不属于轻浮或肤浅的经历，又不属于某个结构主义者所说的奴役或虚假意识的范畴。相反，他们是想通过想象中与名流的关系来补偿现实生活中情感上的失落，或弥补其他方面的缺憾。对他们来说，似乎只有名流才能为他们指明一条通往真正有意义的生活的路，平凡的家庭生活和工作却显得不再真实。

"准社会交往"一词，通常是指通过媒体而不是直接经历或面对面的会晤来构筑一种亲密关系。这是一种"二级亲密"形式，因为它仅仅源于人的表演而不是实际的身体接触。

巴瑞·曼尼洛

然而，在社会中，百分之五十的人承认有亚临床状态的孤独感。因此，准社会交往就成了寻求认同感和归属感不容忽视的一个方面。名流为他们那些在表现不佳、虎头蛇尾、亚临床压抑中苦苦挣扎的受众提供了一种特别强有力的认同感和归属感，使他们觉得活得更有意义。

　　名流文化具有一种独特的张力，大众与名流之间存在的身体上和社会上的距离，可以通过大量媒体信息拉近。诸如同好杂志、新闻故事、电视纪录片、采访、新闻通讯以及传记等，将一个遥远的陌生人变成一个重要人物。这种张力不可避免地与宗教信仰平行，并且被粉丝对名流的不可思议的痴迷强化。一些粉丝认为名流具备神性的特质，而另外一些粉丝则体验到了名流的力量，从而唤醒了他们深层次的情感，他们认为那是萨满精神。

萨满教
与
名流

Shamanism and Celebrity

　　人类学对宗教和萨满教的比较研究表明，所有文化都包含仪式、神话、神的形式、圣物、象征、圣人和圣地。每个类型都依附于一种独特的形态，而这种形态组织各种经验，赋予一定类型的行为和经验神圣或特别的意义。我们有理由把这些形态看作接纳和排除原则。事实上，所有的宗教系统最终都建立在这些原则之上。在世俗社会中，神圣性在有组织的宗教信仰中失去了内涵，而与那些依靠媒体宣传成为崇拜对象的名人联系起来。名流通常被认为具备非凡的魔力，能为世人治愈伤痛，使他们重见光明。摇滚音乐会能令人心醉神迷甚至晕厥，这足以与一些宗教仪式的魔力媲美。

　　为了分析萨满教与名流之间的联系，我们将在以后的章节中详细举例说明，现在非常有必要提及一些有关宗教的性质及巫术史的内容。从一开始，人们就应认清神圣形态在内容上有着巨大的差异。尽管它们在结构特征上还是有很多的相同之处的。这些通常被表述为宇宙物质碎片中的宗教显现。这种显现可能被人格化，即以特殊的人的形式出现，或被非人格化，即以实物形式或文化艺术品形式出现，如一条河流、一个岩层或一个石环。在上述任何一种情况下，它都是强烈的，有时是超力量的，认同、畏惧和好奇的焦点。

基思·托马斯描述了英国从兴盛到衰落的漫长巫术史，在中世纪的全盛时期，男巫和女巫具有令人痴迷的魔力。[1]尽管城市工业和科技的发展淡化了人们对巫术的迷信程度，但无论是清教徒抑或科学革命都无法彻底清除巫术的影响。唯灵论者和新纪元信仰的备受推崇，都揭示了反科学观点及人们对这些民间迷信的坚持。如果有组织的宗教衰落了，坚定的唯灵论信仰以及正义与邪恶之间无尽的斗争将会抵消这种衰落。

根据人类学家米尔恰·伊利亚德的观点，几乎所有的宗教都认为天神和天堂是存在的。[2]人类经验通常被分为三个领域：天堂、人间和地狱。男人和女人组成了人间，但他们的灵魂能通过宗教仪式在天堂或地狱里获得新生。大多数宗

1　参见基思·托马斯著《巫术的兴衰》（伦敦，1971）。——原注

2　参见米尔恰·伊利亚德著《萨满教：古老的入迷术》（伦敦，1964）。——原注

教都能被简化成升天或入地的仪式，而这种上升或下降的体验与人的痴迷程度有关。

在某种程度上，这种痴迷的形式从本质上可以被解释为违反道德规范的，即自觉的欲望和行为打破了道德和社会传统。违反道德规范是人类文明的普遍特征。它是焦虑与好奇、禁止与接纳之源。上天或入地的想法是一种本质上的背逆，因为这在现实生活中完全属于不可知领域。透过揭开禁律、宗教仪式和典礼的面纱，人们的好奇心和对信仰的痴迷得到了满足。上天入地的历程有着不同的目的。进入下界往往与死者有关，从理论上讲，它无所不知。升入天堂则让人们更加靠近统治世界不朽的神。这些体验为人们提供了在人世间不可能获得的认知与思考。下界汇集了过往的信息，有助于认清现在的情况。

萨满、巫师和巫医都因此极其与众不同，他们都是被精心挑选出来的，或者品格高尚，或者有着优良的血统，或者有身体上的缺陷，例如，丑陋、畸形或有神经功能障碍，或者患有精神疾病。在美拉尼西亚的信仰系统中，萨满、巫师和巫医都被认为具有一种超自然的神秘而积极的力量，这种只有死人的灵魂和一切精灵才具备的力量只在极少数活人身上体现。超自然力量能够让人通过拜神的仪式来完成升天或入地的体验。

典型的升天仪式需要祭品，通常是用动物祭祀。祭祀使被杀的灵魂得以解脱，并跟随萨满一同进入天堂。升天仪式经常包括像登山、爬树一样的攀登运动。进入下界的仪式则要求萨满变成一个死人，一般是以斋戒或象征性地埋葬的方式，有时通过自焚或割伤自己等自残的方式进行。

宗教仪式通常要求戴面具，面具被视为灵魂（祖先、神秘动物或神）的化身。萨满教的降神会是围绕着奇观或中断模式化的常规来进行。那些不可思议的展示，如绳子与火的把戏、毒品与酒的使用以及非传统的着装，扰乱了人世间秩序的集体感。用伊利亚德的话说：

> 那些魔术的展示揭示了另一个世界——一个充满神与魔法的神奇世界，在那里一切都可能发生，死人能够复活，一个人能够瞬间消失又瞬间重现，自然法则被废弃，超人的自由被见证并创造了一个辉煌的现在……萨满教的"魔法"证实并加强了传统宗教的模式，它们同样激起了想象，打破了梦想与现实之间的障碍，打开了

朝向世界的窗户，那里居住着众神、死者和精灵。[1]

　　萨满教的奇观展示与启示和再生紧密相关。展示的表面目的是实现社会的重新融合。萨满在部落里具有违背道德规范的能力。这是因为萨满能够像变戏法一般，使人体体验到集体式的强烈的存在感，而通过象征、令人心醉神迷的经历，这种强烈的存在感承认了超自然力量的存在。

1　参见伊利亚德著《萨满教：古老的入迷术》。——原注

宗教、
集体兴奋
与
名流

Religion, Collective Effervescence and Celebrity

我们能够假定名流文化与宗教之间的联系吗？毕竟，埃米尔·杜尔凯姆在他的宗教研究中预见到了后来人类学家的发现。他提出，宗教仪式既是社会宗教系统祭神的方式，又为"集体兴奋"提供了途径。[1]后一种情况指的是一种大众的兴奋、狂热甚至痴迷的状态。杜尔凯姆指出，道德个人主义的成长必然会削弱有组织的宗教的影响。但是，既然社会平衡要求打破惯例，国家就一定有责任组织一系列定期的节日，以使集体兴奋得以释放，集体生活的纽带也会被重新确认。

杜尔凯姆有关有组织的宗教的衰落的预测被证实是正确的，但是，他关于国家政府应该增加世俗节日数量的主张从

1　参见埃米尔·杜尔凯姆著《宗教生活的基本形式》（纽约，1915）。——原注

未得以实现。尽管在20世纪世俗节日数量确实有所增加，但它们很少采用有组织的集体兴奋的程序化形式。例如在新年前夕、法国国庆日、狂欢节等一些著名节日里，人们通常会利用休假的时间与伴侣或孩子在一起，而不是和其他人一起过道德化的生活。

世俗化的主题使反道德和反宗教习俗成为焦点，但它也夸大了宗教会被科学和法理型体系取代这一想法。宗教信仰当然已经部分地围绕自然和文化进行了重构。例如，众多的体育活动、动物权利运动和各种生态运动都明显地唤起了强烈的带有宗教本质的集体兴奋。它们复制了接纳与排除的法则，忠于超然的精神信仰和原则，并且能够区别神圣与世俗的价值观。从表面上看，这是一种宗教与消费文化实质性的趋同。对我们来说，决定性的问题是趋同的程度。

尼尔·盖布勒假定了信仰上帝和崇拜名流的道德等值。[1] 他指出名流文化是世俗社会对宗教和巫术衰落的反映。如今，名流文化普遍存在，并且建立了主要脚本、展示的道具、会话代码和其他的原材料，并通过这一切构建了文化关系。盖布勒指出，消费文化和宗教之间仅仅存在一条单向的

1　参见尼尔·盖布勒著《生活：电影》（*Life: The Movie*，纽约，1998）。——原注

通道，在那里，日常用品和名流文化被看作归属感、认同感和精神生活的重要支撑。这种观点是否站得住脚？

神学家们认为宗教是我们最终所应关注的，这意味着宗教可以解决这个世界上存在的根本问题。尽管有组织的宗教已经衰落，但这些问题并没有消失。自20世纪60年代以来，唯灵论和新纪元信仰的复兴表明，这些问题在文化中仍然突出。但是，名流文化的重要性与日俱增，作为日常社会的背景，它强化了这样一种主张："后上帝时代"的名流已成为世俗社会组织认同感和归属感的中流砥柱之一。

名流的圣物箱
与
死亡仪式

Celebrity Reliquaries and Death Rites

宗教信仰与实践和名流文化之间有许多显著的相似之处，这就加强了这样一种假设，即宗教与名流之间有相当一部分内容是趋同的。在世俗社会中，粉丝建立了他们自己的名流文化圣物箱。从粉丝的立场上看，圣物箱背后的组织原则通常是缩短粉丝与名流之间的距离。据报道，在好莱坞早期，粉丝向电影明星们求取他们用过的香皂、咀嚼过的口香糖、烟蒂、揩去口红的化妆纸，甚至是明星家草坪上的一片草叶。有人曾经疑惑还有多少未经报道的诸如此类在名流垃圾箱里寻找其丢弃废物的事件发生过。

人类学家发现，祖先崇拜和死者崇拜是亚洲和非洲萨满教的显著特征。死者的遗物通常是祭祀仪式和祭神的一部分。美拉尼西亚人相信死人的骨头具有超自然的力量，因为灵魂就存在于这些骨头中。他们还相信萨满的排泄物具有神力，因为它们是超自然力量的化身。基督徒也相信圣徒的血、汗、头发和精液都能治愈疾病。保存圣人的遗体和物品是宗教实践的一般特征。

在世俗社会中，从安迪·沃霍尔收集的废弃物、杰奎琳·肯尼迪的遗物到戴安娜王妃的衣服，这些名人的"圣物"都进行过拍卖，每一件都价值连城。沃霍尔收藏的价值40美元的斯沃奇牌手表被拍卖到几万美元。肯尼迪总统的高尔夫球棒杆被拍卖到77.25万美元（相当于估价的858倍），他的摇椅估价仅为3000至5000美元，但却拍卖至45.35万美元。

粉丝垂涎于名流签名和签名照片等一些能够传递个人信息的物品。硬岩咖啡厅陈列着摇滚大事记并在各分店巡回展出。名流物品如汽车、衣服、鞋、床和吉他都非常昂贵。事实上，名流的房子因为与名流有关，通常会被当作圣地一样保持原样，或者当它们在市场上被公开出售时，售价大增。参观"优雅园"——"猫王"埃尔维斯·普雷斯利在田纳西州的家，在粉丝的眼里就像基督徒朝拜圣地一样，每年参观的人数高达75万人，远远超过参观白宫的人数。乔治·华盛顿、托马斯·杰弗逊、亚伯拉罕·林肯和伊娃·贝隆等人的家都有相似的地位。如果说只有怪人才把"猫王"视为神明，那么令人惊奇的是他的再生在歌迷当中广为流传。"猫王"死于1977年，然而常有人声称看见了他。名流文学的一整个分支都致力于这样一种主张，即他的死仅仅是一个舞台事件。

埋葬名流遗体的墓地就像天主教埋葬圣徒的墓地一样，曾经一度成为朝圣之地，对游人们具有很大的吸引力。巴黎的拉雪兹神父墓地、伦敦的海格特墓地、洛杉矶的好莱坞纪念墓园和韦斯特伍德墓地都是最负盛名的参观地。如今，海格特墓地甚至收取游览门票。花钱参观海格特的乔治·艾略特之墓、拉尔夫·理查德森之墓和卡尔·马克思之墓，证实了死亡并没有成为名流商品化的障碍。在这一点上，洛杉矶的好莱坞纪念墓园这一革新产品占尽了先机。好莱坞纪念墓园曾被誉为"明星们的瓦尔哈拉殿堂"，那里安葬着鲁道夫·瓦伦蒂诺、泰隆·鲍华、塞西尔·B. 德米勒、道格拉斯·费尔班克斯、尼尔森·艾迪、巴格斯·西格尔、彼得·洛、约翰·休斯顿、梅尔·布兰克、彼得·芬奇以及其他几位好莱坞巨星。

20世纪90年代末期，好莱坞纪念墓园濒临破产，随后它被接管并重新命名为"好莱坞永生墓园"，"明星们的瓦尔哈拉殿堂"成为这里的标志。如今，在这片面积约60英亩的墓地里，一块墓穴的预售价格是637美元，购买者还可以得到一盘特制的葬礼期间在大屏幕上播放的录像带，其中包括家庭生活视频剪辑。若是地处明星墓地附近，墓穴便售价5000美元。这一举措为好莱坞永生墓园提供了资金支持。从营销战役开始，在那里举办的葬礼数量已经增加了二十倍。

好莱坞永生墓园为粉丝提供了最后的希望：死后成为名流的邻居。即使在死后也渴望与名流在一起，这种现象，进一步强调了名流文化的特殊诱惑力。在名流葬礼上，粉丝拿走鲜花、挽联甚至一捧墓地泥土作为纪念的情况屡见不鲜。更有甚者，詹姆斯·迪恩、迪伦·托马斯、西尔维娅·普拉斯、巴迪·霍利、吉姆·莫里森的墓碑都被盗走了。

盗墓竟然成了名流文化的一个组成部分。1876年，由于美国人民对亚伯拉罕·林肯的狂热崇拜，一些人甚至企图到林肯的安息地伊利诺伊州斯普林菲尔德的橡树山墓地盗取他的遗体。一伙不法之徒策划了一个阴谋，他们想用林肯的遗体作为要挟来劝说伊利诺伊州政府释放一个在押囚犯。这个计划虽然未能得逞，但是当局担心盗墓者会卷土重来，便将林肯的遗体从墓地中取出，转移到一个安全的地方安葬。此后的十一年间，游人们寄托哀思的林肯墓竟然是一座空穴。这些描述让我们对名流文化有了更深层次的了解，即表象是至关重要的。1886年，林肯的遗体被重新安葬。当人们发现他的纪念碑摆放不正时才意识到棺椁又被移动过了。林肯总统的儿子罗伯特·林肯决心不再让州政府或盗墓者移动他父亲的遗体。他发现芝加哥实业巨头乔治·普尔曼墓地上用了一个新设计——在棺木的周围筑起铁栅栏并注入水泥。1901年，林肯被重新安葬了，这次棺椁被放置在钢筋水泥罩里。

令人惊诧的是，这种奇怪的盗墓行为并非只此一件。1978年，查理·卓别林的遗体被人从瑞士的沃韦公墓中盗走。在这起非同寻常的绑架死人案中，歹徒索要60万瑞士法郎的赎金。最终，警方逮捕了歹徒并找回了遗体。

在基督教中，面包和红酒象征着基督的身体。基督徒吃圣餐则代表着在这个世界上分享基督的身体，并且被认为是在现实中坚定了对伟大的救世主的信仰。在名流文化中，撒骨灰有着相似的意义。人们将比尔·香克利的骨灰撒在利物浦足球俱乐部主场的安菲尔德草坪上，象征着香克利在球迷心目中神圣的地位，以及他身上的价值和成功的延续。今天，将体育明星的骨灰撒在与他们密切相关的体育场周围的做法相当普遍。

有趣的是，名流不再必须与道德标杆相关。恶名同样使公众神魂颠倒。例如，被杰弗里·达莫残害的受害者家人计划拍卖这个连环杀人案凶犯的作案工具，并平分拍卖所得。

1.拉尔夫·理查德森

2.乔治·艾略特之墓

3.安迪·沃霍尔

4."猫王"位于田纳西州的家

5.海格特里的马克思之墓

6.乔治·艾略特画像

虽然他们的计划遭到了反对，但公众对这些物品的兴趣还是非常大的。在英国，拍卖格洛斯特郡克朗维尔街25号也曾引发相似的争论。这座住宅被称作"恐怖之屋"，连环案凶犯弗雷德和罗丝玛丽曾经在这里残害了很多受害者。有人提议将这座房子作为一个纪念馆提醒人们反对暴力犯罪。最后，地方法院决定拆除这座房屋，并用砖块、木料和灰泥将遗址掩盖，禁止这些凶残的东西恫吓世人。

1.巴迪·霍利

2.比尔·香克利

3.查理·卓别林

4.迪伦·托马斯

5.西尔维娅·普拉斯

圣多马
效应

The St Thomas Effect

　　"疑惑的多马"这一说法源于《圣经》中圣多马的故事。当基督复活后出现在使徒面前时，多马曾对他的存在表示强烈的怀疑，直到他触摸到基督身上被钉十字架的伤口，才相信基督真的复活了。"圣多马效应"是指那种强烈渴望通过靠近、触摸和拍照证实某人或某物存在的心理。在粉丝身上，"圣多马效应"是以偷偷摸摸接近名流或暴力袭击名流的方式体现的。那种想象中的与名流的亲密关系，在粉丝心中转化成一种接触名流、占有他们的传家宝或废弃物的强烈欲望。这种由"圣多马效应"引发的欲望，最终会导致自我控制能力的丧失，从而将粉丝和名流都推向危险的境地。

　　2000年6月，一个名叫凯琳·伯克的19岁学生，因骚扰女权主义作家杰梅茵·格里尔而被判缓刑。据法庭了解，伯克十分迷恋格里尔，把她当成了"精神上的母亲"。她一直与格里尔通信，当格里尔发现她可能需要心理治疗时，中断了与她的来往。伯克对格里尔的精神依赖与日俱增，便赶到格里尔富丽堂皇的夏日别墅。第二天，格里尔驱车将伯克送往剑桥，让她乘火车回家。不到48小时，伯克又赶到格里尔的别墅，这次格里尔打电话报警，警察将她带走了。隔天，伯克再次回来。当格里尔警觉起来并威胁说要报警时，伯克死死地抓住她并大喊道："妈妈，妈妈，不要这样！"此后两个小时里她们一直纠缠在一起，两人都受了伤。直到这位作家的一位朋友前来赴约，发现伯克正抱着格里尔的双腿尖叫时，才阻止了此事。这件事使双方都十分痛苦。但它正说明，在粉丝心中，这种想象的与名流的关系，有时会从"验证所渴望的目标"这种愿望升级为"通过紧紧抓住他们来证实他们真实存在"的坚定决心。

粉丝这种验证名流物品真实性的热望，可能与他们心中长期培养的占有名流的抽象愿望成正比。名流通常是难以捉摸、难以靠近的。另一方面，名流的物品却是能够得到并珍藏起来的。然而，只有证实了这些物品与名流的关系，它们才具有珍藏价值。如果这种存在于粉丝想象中的与名流的亲密关系无法实现，那么，这些无生命的东西至少可以让粉丝感觉到他们对名流的占有。

杰梅茵·格里尔

1.皮特·桑普拉斯

2.卡罗琳·肯尼迪

3.迈克尔·乔丹

4.大卫·贝克汉姆

5.莫妮卡·塞莱斯

名流
与
死亡

Celebrity and Death

人们拥向"猫王"埃尔维斯·普雷斯利的故乡及安息地"优雅园"朝拜，与其说是为了纪念这位死去的王者，倒不如说是在宣扬他在当今流行文化中的地位。许多歌迷都相信"猫王"制造了死亡的假象，以求远离名流文化的困扰。即使是那些接受他死亡事实的人，也将他看作一种活生生的文化存在。

相反，约翰·列侬的死无论对于歌迷还是媒体来说都是毫无争议的。即使这样，他在千百万人心中仍然是超人一样的存在，是可以鼓舞人心的人物。列侬无疑是认识到了名流在流行文化中的超凡力量。他在20世纪60年代的评论中称，甲壳虫乐队比耶稣基督更受欢迎。这一言论使舆论大为震惊，美国的一些宗教团体甚至领导公众焚烧了甲壳虫的磁带。然而，这个有争议的评论的确是正确的，甲壳虫乐队在

20世纪60年代的地位无人能及。

列侬发现很难处理好名誉问题。他在《约翰和洋子的歌谣》（*The Ballad of John and Yoko*）中唱道："他们希望的是将我钉在十字架上。"不难看出，此时的他正饱受基督情结之苦。20世纪70年代，他曾欲涉足政界，足见他是有意识地试图拯救整个世界。列侬与耶稣不正有着惊人相似的成长历程吗？列侬出生在利物浦的一个工人家庭，20世纪六七十年代一举成名。耶稣则出生在一个路边小酒馆的马槽里，后来成为整个世界的救世主。列侬在1980年被一个疯狂的歌迷杀害，耶稣则是被钉死在十字架上。对于一些人来说，与圣人比较是没错的。但列侬有时以救世主自居，他那种名人特有的可笑的自以为是和不虔诚，大大损害了他的公众面孔。然而，列侬的确是一个传奇人物，他具有激发兴奋和狂热的超凡力量。与此相比，他的世俗行为也就变得微不足道了。可以说，列侬既能使听众们上天堂，又可以让他们下地狱，他曾是这个世界的主宰。

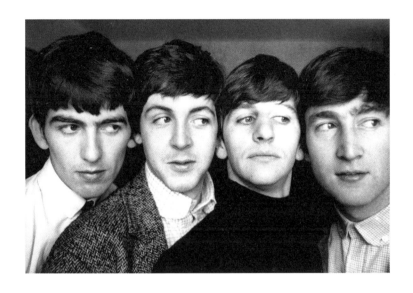

甲壳虫乐队

跟踪者

Stalkers

警方一直在追查杀害英国广播公司电视节目主持人吉尔·丹多（1999年遇害）的凶手，结果发现有180个男人对她痴迷到了不正常的地步。警方在调查中有两种推测：第一，丹多是《警惕犯罪》（Crimewatch）节目的主持人，因而遭到职业杀手的杀害；第二，杀害她的是一个疯狂的跟踪者。由于悬赏捉拿的公告并未带来任何线索，警方便得出了这样一个结论：他们正在寻找的目标很可能是一个孤独的跟踪者。

根据警方勾勒出的嫌疑人心理特征，他们寻找的罪犯要么离异，要么独居。他们怀疑凶手曾经试图通过信件、传真、电话或电子邮件与丹多取得联系，但都未成功。警方发现，有人试图得到她的电费、煤气费、水费和电话费的清单。如果这是一人所为，那么警方推测，有理由相信凶手的犯罪动机是沮丧、气愤和嫉妒引发的报复心理。

随着丹多婚礼的日益临近，这个人的困扰与日俱增。《广播时报》（*Radio Times*）封面上丹多那张光彩照人的照片可能促使他下了最后的决心。据目击者描述，他到达她的住处，或许用了几天时间在房前屋后闲逛，最后，在门前的台阶上用枪射中了她的后脑。根据心理轮廓图，警方最终在2000年5月逮捕了一个名叫巴里·乔治的当地男子，并指控他为杀人凶手。此人于2001年7月在伦敦中央刑事法庭被宣判有罪。[1]

准社会交往是创造和重塑名流文化的基础，这一观念得到了很好的证实。人们都说名流对粉丝施了魔法。这些魔法之所以起作用，完全是因为它们调动了粉丝的幻想和欲望。准社会交往这一概念的精髓是，关系基于想象。事实上，绝大多数名人和粉丝之间既没有互相了解，也没有进行过面对面的沟通。此外，名流的公众面孔和真实自我之间存在着差异。但是，公众面孔的魅力偶尔也会掩盖这种差异。在这些情况下，名流用光环掩盖了自己真实的弱点，却使粉丝患上了一种精神强迫症。这种类型的精神病，可以使粉丝永远生活在引诱和占有名流的幻想中。患有精神强迫症的粉丝无法从心理上识别名流在公共场合中表现出来的与观众的舞台式

1　2001年7月2日巴里·乔治被判谋杀罪。之后，乔治提出上诉，被驳回后，再次提出上诉。2008年8月1日，乔治被无罪释放。——译注

互惠，相反，他们认为名流与粉丝的关系证实了这种互惠性。这种关系是否基于想象无关紧要，因为它在组织粉丝的情感和生活方式上产生的效果是真实的。

　　粉丝的精神强迫症的症状包括热衷于搜集与名流有关的新闻，做剪贴簿和档案，从网上寻找名流的住址，在名流的住所附近游荡，给名流写不受欢迎的信件、打电话、发电子邮件、涂鸦，等等。有时，他们甚至对名流进行身体上的攻击和性攻击。从粉丝的角度来看，他们围绕着想象中的名流的日常生活和公共责任组织起来的惯常生活，仅仅证实了名流与粉丝之间互惠的现实。然而，这种互惠关系只是建立在抽象的欲望之上，并且依赖那种看似持久的想象中的关系。

　　跟踪是这一行为最极端的表现。事实上，它可以被定义为精神强迫症发展的一个新阶段，它导致了尾随甚至骚扰。这经常与遗弃、被拒绝和丧失自尊相关联。有趣的是，跟踪并不只存在于名流文化中。1997年英国国会通过了《免受骚扰保护法》（Protection from Harassment Act），以保护个人隐私不受侵犯。1998年，至少2221人据此法被判跟踪罪。到1994年为止，美国已有48个州通过了反跟踪立法，并有20万份指控被立案调查。普通人也有被跟踪的经历，但是由于名流有很高的知名度，并且人们对名流有准社会交往的欲望和独特的认知，因此名流成了跟踪的主要目标。

近年来，媒体报道了许多名人遭跟踪的事件。著名事件包括莫妮卡·塞莱斯被冈萨·帕什刺伤，冈萨还曾长时间迷恋施特菲·格拉芙。麦当娜曾被罗伯特·豪斯肯斯跟踪了五年，后者威胁说要将她撕成碎片。海伦娜·伯翰·卡特被安德鲁·法夸尔森跟踪了六年。迈克尔·福克斯不断地收到一个粉丝的骚扰信，信件多达5000封，有的信里装满了兔子屎。克劳斯·瓦格纳跟踪了戴安娜王妃五年之久，并声称一直在暗中保护她，在他的想象中，戴安娜会受到来自女王的可怕阴谋的危害。波姬·小丝被罗纳德·贝利跟踪了十五年，法院于2000年9月警告他，要么至少十年内远离波姬·小丝，要么入狱。乌尔里卡·约翰逊接连收到彼得·凯希的淫秽电话和裸体照片，最后，彼得在受到警方的讯问后卧轨自杀。海伦·泰勒被西蒙·雷诺兹跟踪，西蒙最终死于自杀。

渴望出名无疑是跟踪者的一个动机。1999年12月30日刺杀前甲壳虫乐队成员乔治·哈里森的麦克·亚伯拉姆，曾在圣诞夜向朋友吹嘘："我就要出名啦。"据报道，亚伯拉姆是个瘾君子，也患有严重的精神强迫症，一直迷恋甲壳虫乐队，特别是哈里森。在他的想象中，哈里森是个巫师。

野蛮的跟踪行为强调了名流具有唤起深层次、毫无理性的情感的力量。对跟踪者的心理分析发现，内心的渴望因无法实现而扭曲成一种更加强烈的渴望完满或得到认可的欲望。这种欲望可能是毫无理性的，但它一般被认为是有预谋的，并将自己作为行为的最终目标。跟踪者把名流看作巫师或魔鬼，并将跟踪看作与魔法联系的一种方式。通过处死名流，跟踪者能够证实他具有超能力，或从这个世界上铲除了导致痛苦和非理性的巫术。亚伯拉姆试图杀害哈里森，就是为了将这个世界从邪恶的力量中解救出来。

海伦娜·伯翰·卡特

摇滚乐
和电影文化中的
萨满教

Shamanism in Rock and Film Culture

萨满教和流行音乐的联系要追溯到布鲁斯（蓝调）诞生的年代。布鲁斯在美国南部被人们称作"魔鬼的音乐"。1938年，德尔塔的布鲁斯歌手罗伯特·约翰逊因有人在一瓶开封的威士忌中投毒而死，这起谋杀案一夜之间创造了一个萨满式的英雄。20世纪四五十年代，这种刻板印象转至爵士乐手查理·帕克、迈尔斯·戴维斯和约翰·克特兰等人身上，他们玩世不恭和堕落的生活方式，在公众的想象中是屈服于超自然力量的象征。克特兰一定是唯一以他的名义建立教堂的名人：旧金山的圣约翰·克特兰非洲东正教教堂。在他们最优秀的作品中，克特兰和戴维斯实现了纯粹的表达，其中的宗教因素得以强化。然而，确切地讲，正因为爵士乐能够令受众从世俗的牵累中解脱出来，它就与占有欲和魔力产生关联，这样就加强了其与萨满教和魔鬼的联系。

然而，直到20世纪60年代摇滚乐出现，萨满教和特定类型的个性音乐才融合起来。吉米·亨德里克斯、吉姆·莫里森、米克·贾格尔、卢·里德、伊基·波普、马克·博兰、大卫·鲍伊等有意识地将自己扮演成萨满。鲍伊塑造了另类摇滚形象——"基奇·星尘（Ziggy Stardust）"。就像皮特·汤森在早期的成名作品《汤米》（1968）中塑造的青年弥赛亚一样，"基奇·星尘"的神圣使命是什么以及他究竟想拯救什么人，人们并不十分清楚。宗教信仰的内容并不重要，重要的是这些人物所激发的兴奋状态是他们文化力量的主要杠杆。

　　萨满教是幻想和自我欺骗的强大来源。艾伦·帕克的电影《迷墙》（1982）强调了摇滚萨满教和法西斯主义之间的模糊界线。两者都集中强调了想象、可能性以及道德的必然性。1976年，当大卫·鲍伊从欧洲大陆到达维多利亚火车站时，他居然向媒体和歌迷们行纳粹军礼，令人们大为震惊。媒体强烈抨击了他对瑞典记者发表的"英国将从法西斯领袖那里受益"的言论。不足为奇的是，之后鲍伊撤回了这一说法，并解释说，他对法西斯主义所表现出来的暧昧，完全是他身体和心理极度疲劳的产物。然而，有关纳粹主义的神话，特别是对灵魂重生与寻求新秩序的热情，强烈地暗示着，通过崇拜尼采哲学中的原型名人——超人——来追求精神和情感的统一。

然而，布拉格莱特纳公园俯瞰伏尔塔瓦河的斯大林雕像的命运可能非常有启发意义。1955年，正值共产主义兴盛时期，一座重14000吨、高98英尺的斯大林花岗岩雕像建成了，这是最大的斯大林雕像。随后，赫鲁晓夫公开批评斯大林，这座雕像便成了捷克共产党最显眼并且最尴尬的累赘。它最终在1962年被炸毁，方形底座被留作纪念。1996年，在这个底座上树起一座10米高的迈克尔·杰克逊雕像，他是在环球之旅的最后一站穿越这座城市的——人们由此可以看到，这就是所谓的历史。

摇滚歌星制造的兴奋和不正常的狂热，不是什么宗教意义上的救赎。能够成为公众欲望的指挥棒，并且使人们陷入自我放纵的情感，是这种魔力最显著的特征。如果试图为其阐明或者编辑信条，会发现它非常单调。克特兰将他的宗教信仰总结为"正确地生活"。甲壳虫的歌词"你所需要的就是爱"虽然吸引人，但却同样空洞。后来的摇滚歌星如迈克尔·杰克逊、马文·盖伊、科特·柯本、迈克尔·赫金斯、鲍诺（Bono）和连恩·盖勒格等人曾努力地去表达一种生活信条，却令公众感到迷惑与尴尬。"你所需要的就是爱"无疑是真理，但明显地掩盖了很多困难和矛盾。

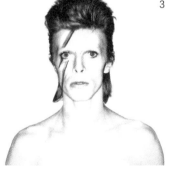

1.迈尔斯·戴维斯

2.查理·帕克

3.大卫·鲍伊的"基奇·星尘"形象

4.罗伯特·约翰逊

也许，这些过分单纯的名流哲学之所以意义重大，其中一个原因就是它们通常展现在特别容易受影响的观众面前。很显然，摇滚歌星为年轻人的文化代言。对于那些有意识地追求与家庭生活形成鲜明对比的生活模式的人来说，富有激情的信仰以真诚、魅力十足的方式传播的时候，能引发强烈的共鸣。在那些离婚率高、核心家庭前景不明的社会中，很显然，名流是非常重要的"他人"。因为青少年是离婚和家庭纠纷最直接的受害者，名流文化的影响对他们来说很可能尤为强烈。

然而，限制这种力量在青少年心目中的影响力与地位是错误的，朱迪·嘉兰在同性恋文化中的偶像地位，部分源于她那种应对争议、拒绝和边缘化的能力。玛丽莲·梦露之所以具有持久的知名度，是因为她善于与观众交流。梦露通过向公众展示自己的困境帮助各个年龄段的人从各自的痛苦和困难中解脱出来。

毫无疑问，在年轻人的文化中，名流拥有最伟大的力量。摇滚歌星经常表现得非常性感，作为文化偶像，他们扮演着大众情人的角色。因为他们对公众的吸引力依赖于他们在公众面前所表现出来的角色，他们一直都是大众追求的对象，并且给人可能获得成功的幻想。他们的舞台服装和表演意在激起观众对他们特别是在性方面的渴望。青少年在父母家中或床边听 CD 和磁带时所产生的幻想，便成了用于舞台表演的能量的一部分，表演者在其间可以无拘无束地生活。1975年，帕蒂·史密斯在她的专辑《马》中唱道："耶稣是为有罪的人死的，而不是为了我。"

缺乏负罪感和约束是好莱坞名流文化的显著特点。好莱坞明星通常与非道德和危险的影响有关。鲁道夫·瓦伦蒂诺在爵士乐年代是美国全体男人的情敌，在这个极具威胁力的情敌面前，他们唯一的命运就是失败。对于女人们来说，瓦伦蒂诺是追求的目标，因为他的身体和行为与以种族为中心的男性刻板印象截然不同。而男人们谴责他是一个懒惰的外国人，他的公众面孔掩盖了他卑贱的血统。

20世纪20年代，人们在好莱坞对待性问题的态度上产生了道德恐慌，在20世纪30年代，这种恐慌被对暴力电影负面影响的忧虑所代替。电影《地狱之门》（1930）、《小凯撒》（1931）、《国民公敌》（1932）、《疤面人》（1932）被批判崇尚暴力。扮演暴力角色的演员，像爱德华·罗宾逊、保罗·穆尼、乔治·拉夫特和詹姆斯·卡格尼等都被指责教唆人们使用暴力。暴力电影体现了美国人对金钱的强烈欲望以及美国男人压制欲望的失败。罗宾逊在《小凯撒》中扮演的匪徒里可·班蒂洛很显然是个精神病患者，但是影片中其他人形象十分模糊，与里可不同，他们接受了命运的安排，过着年复一年的平凡生活。他们永远不会像里可那样拥有那么多的财富，或者是像他那样放纵自己。他们必须控制并掩盖自己的欲望，于是正如影片中所暗示的那样，他们不能像里可一样完全真实地生活。

在20世纪50年代，"猫王"、詹姆斯·迪恩和马龙·白兰度等人象征着对金钱的欲望，以另一种方式打破了人们心中对男性的刻板印象。很明显，他们挥金如土，强调我行我素而不是服从，崇尚享乐主义而不是责任。在普通大众的眼里，他们与代表异乡人的瓦伦蒂诺不同，他们是"隐藏在内部的敌人"，他们的先人艾森豪威尔那一代曾不怕牺牲、在"二战"中打败希特勒和东条英机，如今这些年轻人却忘了感恩。传统道德要求人们在工作中尽心尽力，在生活中节制、清醒，这些人漫不经心的态度则是对传统道德的冒犯。

大卫·里斯曼用他著名的关于内部导向人格和他人导向人格的划分理论，指出了20世纪50年代早期公众的焦虑状态。[1]内部导向人格是祖先的原型，他们以《圣经》为依

1　参见大卫·里斯曼著《孤独的人群》（纽约，1950）。——原注

托，以父母为榜样，依靠自己的努力建造一个可维持的道德框架，在世间立足。他人导向型则放弃了内化的道德体系，而去追求大众媒体的时尚和新潮。20世纪50年代，"猫王"、迪恩和白兰度这些人表现出来的易受影响的他人导向型人格是种具有诱惑力的榜样，令持传统观念的公众大为困惑。里斯曼担心西方世界已经改变了将工作视为生活的中心这一原则，转为将消费作为生活的终极目标。后来，在好莱坞影星中间普遍存在的明显的道德危机，充分表现了这一变化。

法兰克福学派理论家利奥·洛文塔尔在这个问题上已经有了预测。他认为，在20世纪20年代和30年代，美国流行文化已经改变了对托马斯·爱迪生和西奥多·罗斯福等工业、政治领域名人的崇拜，查理·卓别林、詹姆斯·卡格尼、艾尔·乔森、克拉拉·鲍、蒂达·巴拉、梅·韦斯特等人成了人们的偶像。对于洛文塔尔来说，娱乐界的名人是流行文化中炙手可热的人物，而传统的工业社会中的主角，如发明家、教师和政府官员，则备受冷遇。

对于20世纪50年代的美国道德多数派来说，好莱坞影星是矛盾的统一体。财富、自由和声望成就了他们的美国梦。好莱坞影星依靠他们的天分和勤奋赢得了财富和力量，他们与那些懒惰、自以为是的欧洲贵族以及美国暴发户的孩子

1.迈克尔·杰克逊

2.马文·盖伊

3.迈克尔·赫金斯

4.爱德华·罗宾逊

5.连恩·盖勒格

（美国经济学家凡勃伦在批评炫耀性消费的危害时，曾抨击过继承而来的财富的坏处）形成了鲜明的对比。与这种观点截然相反，好莱坞名人也被批评为萌芽中的美国梦的蛀虫。明星虽然工作，却与其他美国人不同，他们似乎很享受工作。按照美国中产阶级的标准，他们的劳动获得了高额的报酬。此外，媒体频频报道好莱坞名人的性生活，名人们打破道德和舆论的桎梏，享受生活，足以使美国人目瞪口呆。

　　好莱坞电影导演将名人与超人力量联系在一起。奥利弗·斯通的电影《大门》（1991）就基于这样一种前提。作为孩子，吉姆·莫里森的灵魂被一个印第安巫师控制。对于斯通来说，只有超自然的力量才能解释——为什么莫里森具有鼓舞观众打破桎梏的神奇力量。

　　请好莱坞明星扮演魔鬼的角色，引导观众踏上地狱之旅，也是美国电影的一个主题。近年来，罗伯特·德尼罗（《天使心》，1987）、杰克·尼科尔森（《东镇女巫》，1987）和阿尔·帕西诺（《魔鬼代言人》，1997）都扮演过魔鬼，布拉德·皮特还在电影《第六感生死缘》（1998）中扮演了死神。这些演员的选择很能说明问题。他们中的每个人都声称自己被视为他们这代人的萨满象征。在20世纪七八十年代各种各样的电影中，德尼罗和帕西诺扮演了反叛者、反英雄、

马龙·白兰度

局外人和浪漫的不合群者，这些角色象征着一大部分观众的叛逆、错位的认同感。杰克·尼科尔森的电影《逍遥骑士》在好莱坞取得了巨大的成功，不仅因为它有争议的内容，还因为巨大的票房吸引力，后者使得独立电影制作作为一个上升的产业获得短暂的发展。而布拉德·皮特在《搏击俱乐部》（1999）中饰演了一个终极萨满的角色，展现了自己向爱德华·诺顿饰演的另一个自我转变的过程。

1.杰克·尼科尔森主演的电影《逍遥骑士》

2.《搏击俱乐部》中的布拉德·皮特与爱德华·诺顿

名流
的
升天仪式

Celebrity Ceremonies of Ascent

名流文化是世俗的。因为世俗社会根植于基督教，所以通常用神话和宗教中的升天和下地狱的仪式象征名流的成功和失败。

名流文化不是围绕着连接世间行为和救赎这一普世价值系统建立起来的，人们也不应该低估名流文化形态的复杂性，其每一种形态都有其独特的信仰、神话、仪式和象征。名流文化的多样性对其富有意义的推广而言是个不变的障碍。但是，在不简化这些可分析的问题的情况下，可以说荣誉和恶名往往是名流身份经济的显著特征，金钱常常对衡量荣誉和恶名起决定性的作用。

名流文化的兴起，事实上，与货币经济以及集中在城市工业区中的越来越多的人口密切相关。在一定程度上，它是这个陌生人社会的产物。在这个社会中，个体被从家庭和社区中连根拔起，迁入这个无名的城市，于是，社会关系被忽视，变得极不稳定。就像17世纪的清教徒指望从耶稣那里获得安慰和灵感一样，今天的粉丝，如前文提到的乔安妮，渴望从名流那里获得个人生活上的支持。在这里，这个支配性动机并不是救赎。粉丝被名流吸引出于多种原因，其中性吸引、对与众不同的个性价值的崇拜和媒体炒作是最为主要的。很少有人相信名流会以传统宗教和准宗教观念来拯救他们。但大多数人都从对名流的依恋中获得了安慰、自信和兴奋的快感。通过这种依恋，一种迷人的、与众不同的情感油然而生。

在货币经济中，巫师对天堂和下界神明的信仰被削弱了，如同基督徒对上帝和魔鬼的信仰一样。但是，如果淡化现世、天堂和地狱的界限，那么物质上成功和失败的意识就会被着重强调。名流文化发展了很多升天和下地狱的仪式，来象征成功和失败。升天的仪式围绕着三个主题：上升、魔力和不朽。

上升是指将名流提升到高于公众这一地位的社会过程和文化过程。从字面意义上讲，上升在好莱坞明星那里得以实现，因为放大的电影屏幕、宣传画都使影迷们仰望。名流的财富和奢华在市场经济社会中是成功的象征。

上升的进一步迹象体现在流行文化中名人传记的普遍存在。*Hello!* 和 *OK!* 等流行杂志热衷于大篇幅地报道名人的婚姻、住宅、假日、离婚、生日、健康和死亡。一些脱口秀节目为名流提供了在不同背景下展示不同公众面孔的机会，强化了他们的重要性。

　　1950年，脱口秀在美国兴起。当时，杰里·莱斯特开始在一周播放五晚的《百老汇开放日》中担任主持人。但是脱口秀节目的形式是由约翰尼·卡森定义的，他曾经是喜剧明星，后来转行做主持人。卡森最早在1962年的《今夜秀》节目中担任主持人。许多评论员认为，在1993年卡森退休之前，他一直是媒体的主宰。卡森把脱口秀节目做成了一个让名流放松地在公众面前展示的媒介。他创造的脱口秀主持人的角色是特写技术的延续，为观众提供与名流更亲密接触的机会。（1915年，大卫·格里菲斯导演了第一部长片《一个国家的诞生》，一般认为，它是最先使用特写镜头的影片，该片不仅能使观众看到明星的脸，还可以看清他们的面部表情，这就更加拉近了观众与明星之间的距离。）《今夜秀》节目的布景设计给人留下一种演播室就是卡森家的印象。在这种强烈的家庭气氛的渲染下，《今夜秀》更像是放松、友好的晚饭后面对面的闲聊，而不是什么公共演出。以后的脱口秀节目沿袭了这种形式，通过使用地毯、花瓶、沙发、安乐椅等道具烘托这种家庭气氛。

名望上升是名流受人尊敬的地位的永久特征。一般说来，它适合市场需要。这样，当汤姆·克鲁斯、汤姆·汉克斯、布兰妮·斯皮尔斯、珍妮·杰克逊、约翰·格里森姆出了新片、新专辑或新书时，媒体便借助他们的名字大肆宣传。最常见的一个营销手段就是请名流做客脱口秀节目，面对面地与观众交流。如果明星能利用好时机展示自己平时隐藏在屏幕背后、鲜为人知的个性层面，那么在电视上做宣传的效果会很显著。然而，名人访谈也只有在名流和观众之间保持一定距离的前提下进行才会有效。名流在谈话节目中可以显得平易近人，但是，如果总这样做，就会削弱他们超凡的魅力和高高在上的地位。

名流的力量依靠公众的认可。正如我们所看到的，名流经常被疯狂的公众困扰。默声电影明星克拉拉·鲍曾抱怨道："当他们盯着我看时，我感到毛骨悚然。"哈里森·福特证实："当人们盯着我的时候，我感到非常不舒服。"[1]如果不希望弱化这些情感的真实性，我们就应该将它们放在名流心理动机

1　参见 J. 福尔斯著《追星族》（*Starstruck*，华盛顿，1992）。——原注

的背景下。公众的即时喝彩是成名的吸引力的一部分。除了金钱和灵活的生活方式，它也是人们如此有意地带着狂热的激情渴望成名的原因之一。

魔力是萨满祈求的第二个主题，他们通过各种把戏和承诺，在一定程度上维护并强化自己的权力，名流也是如此。好莱坞名流能在胶片中展示不可思议的表演技巧。动作巨星约翰·韦恩、罗伯特·米彻姆、哈里森·福特、布鲁斯·威利斯、梅尔·吉布森、皮尔斯·布鲁斯南等都在银幕上有惊人之举。体育明星贝克汉姆、罗马里奥、罗纳尔多、韦恩·格雷茨基、布莱恩·劳拉、卡皮尔·德福、马克·马奎尔、孔切塔·马丁内斯、维纳斯·威廉姆斯、"老虎"伍德和安娜·库尔尼科娃也被期望在体育竞技舞台上有同样出色的表演。

埃德加·莫兰认为，表演中演员演绎的角色和演员的公众面孔之间存在着溢出效应。"正是这种演绎，"他写道，"诞生了包裹他们自己的光环，使他们成为明星。"[1]正是这种溢出效应，使名流在公众心目中成为神奇的文化巨人。好莱坞星球餐饮连锁店之所以吸引人，部分是因为食客可以接触到

1　参见埃德加·莫兰著《电影明星们》（纽约，1960）。——原注

它们主要的名人投资者，尤其是布鲁斯·威利斯、黛米·摩尔、西尔维斯特·史泰龙和阿诺德·施瓦辛格。餐馆内陈列着他们的物品，明星本人会不时亲临餐馆。好莱坞星球纪念品和明星们的出场都是经过精心设计的，以给人一种与他们亲近的幻想。然而，这种面对面的相遇非常罕见，极为难得。保镖、宣传人员和"印象经理"是名流的主要随行人员，名流在他们的安排下在公共场合露面。名流出现在公众面前并不总是伴随着鼓声，有趣的是，在萨满教的仪式上，人们用响亮的鼓声招魂。名流抛头露面通常是舞台事件，宣传人员、保镖和公关人员安排名流与粉丝接触。名流的随行人员增强了名流周围的神秘气氛。他们在公众面前大张旗鼓地宣告一个伟大的人物正屈尊会见他们。

第三个主题——不朽，是指在世俗社会中某名流死后其尊贵地位仍然受人崇拜。1802年，杜莎夫人将她的蜡像博物馆从法国迁到了英国，那里保存着名流的人体模型。从未见过那个时代的伟大名流或臭名昭著的罪犯照片的观众，对这些蜡像怀有极大的兴趣。它补充了18世纪被人们广为垂涎的名流雕像。很明显，既然电影胶片和录音制品能永久地记录名流的一颦一笑，名流的不朽在大众信息时代便更容易实现。大众信息保存了名流的文化资本，并增加了他们在公众

1.克拉拉·鲍

2.约翰尼·卡森在他的脱口秀中

3.哈里森·福特

4.罗伯特·米彻姆

5.皮尔斯·布鲁斯南

6.马克·马奎尔

7.约翰·韦恩

心目中不朽的机会。

格拉汉姆·麦克凯恩分析了玛丽莲·梦露常青不败的原因：“梦露无处不在。墙上的海报、电影和书中到处都有她的照片，尽管她早已离我们而去，但她的影像永远留在我们心中。”[1]

1　参见格拉汉姆·麦克凯恩著《玛丽莲·梦露》（伦敦，1996）。——原注

名流的坠落
和
失败

Descent and Falling

名流将自己和粉丝越带越高。他们是天堂的使者，但是也会下地狱，并且将他们的粉丝一起带到地狱。希特勒是20世纪名流升天和下地狱的典型例子。起初，他被盛赞为一个领导国家复兴的伟大领袖。成千上万的德国人对他倾注了深厚的感情，甚至是狂热的激情，并且将他看作他们真正的主宰。然而，随着他的阴谋一步步实施，他的冷酷无情暴露无遗，他变成了一个被全世界唾弃的贱民。有人甚至认为他是基督敌人的化身。他的军事野心昭然若揭，随着他在苏联前线的惨败、英国人民的坚持、德国本土的抵抗运动、美国的最终参战，他的地位被彻底动摇了。在指挥掩体中自杀前，他嘲讽德国人民怯懦，曾下令执行焦土政策，在撤退前销毁一切敌军可用之物，破坏盟军的胜利成果。他可耻的种族灭绝行为是千古罕见的暴行，而他给德国带来的耻辱直到今天也未能完全消除。

下地狱和失败与升天和成功是一个事物的两个方面。升天本身就是忌妒和认可之源。名人获得了如此多的荣誉和财富，以致他们的失败成为公众猜测的话题，有时人们甚至渴望看到这种失败，甚至为此酝酿阴谋。

奥逊·威尔斯以传媒大亨威廉姆·伦道夫·赫斯特的情妇为原型，塑造出电影《公民凯恩》(1941)中一个女性角色。事实上，人们普遍认为影片中那个可怕的凯恩就是赫斯特本人。于是，这位传媒大亨毫不吝啬地向威尔斯和他的电影实施了报复。威尔斯甚至称赫斯特将一个未成年的女孩安置在他旅馆的卧室里。警方向威尔斯发出警告，才避免了这一丑闻进一步扩散。赫斯特毁了威尔斯的名声，这使他的电影事业日后很难再得到经济上的资助。查尔斯·卓别林也有类似的经历。公众对他的私生活非常不满，据媒体报道，他明显地同情共产主义，这些最终导致他的电影受到美国麦卡锡主义的排斥。造就名流的大众媒体经常也会导致名流最终走向衰败。

名流的衰败有时是由他们自己造成的。肯尼思·安格尔、加里·赫尔曼和大卫·汤普森对电影摇滚巨星酗酒、吸毒等的研究表明常期暴露于公众视线之下易导致心理疾病及创伤。公众面孔致使他们远离真实的自我，结果导致真实自我的丧失和灭绝。公众面孔变得与自我否定或肯定密切相关，在名流眼里，真实的自我被摧毁了。公众面孔成为舞台人格的一座活坟墓。吸毒或酗酒成瘾、狂乱和强迫性的行为，其实是一系列茫然无助的情感的必然结果。名流在接受公众的敬仰和崇拜之后，往往会觉得自己并不配享有这些赞誉或者感到事业失去了控制。名流中患有躁狂症、精神分裂症、偏执狂和精神错乱的比例惊人。

以身体上的屈辱为中心的日常行为证实了名流的坠落。名流会变得厌食，害怕出现在公共场合，沉迷于致幻毒品，或在公众面前一醉方休。身体上的屈辱使名流下至地面。例如，自杀或企图自杀，就是试图将身体埋葬在地下。从表面上看，自杀是一种破坏性行为，但本质上死亡为名流躲避贪婪的公众提供了一个永久的避难所。

围绕着名流进入下界这一仪式，身体上的屈辱的主题大体上有三种形式：折磨、崩溃、赎罪。折磨指向的是身份的剥离，即名流备受尊重的地位被贬低。它主要有两种表现形式：自我降级，即名流是身份剥离的主要实施者；外部降级，即外部机构，主要是媒体造成了名流的身份剥离。总之，这两种形式之间相互关联又互相促进。

20世纪60年代，著名足球明星乔治·贝斯特曾被认为是那个年代最伟大的球星。媒体和球迷渴望看到他每周都有世界级的精彩表演，导致了他赌博和酗酒。曼联队赢得1968年的欧洲杯之后，贝斯特强烈地感觉到球队中的大龄队员应该被换掉，当时的经理麦特·巴斯比却不愿购买新球员。贝斯特变得不再抱有幻想。他对酒精的依赖加重，逐渐远离了其他球员，甚至远离了俱乐部经理。贝斯特变得越来越暴躁，令人难以捉摸。渐渐地，他在队中不再受欢迎，最后，他在二十几岁的时候决心放弃足球事业。贝斯特自责没能承受住足球明星的压力，而媒体指责他浪费天赋。

斯诺克台球球员"飓风"亚历克斯也是类似压力下的牺牲品。每次他都依靠酒精保证精彩的发挥以取悦球迷。他的球技变得越来越不稳定，他在公众面前表现得越来越粗鲁。

詹姆斯·福克斯，影片《仆人》（1963）、《凯德警长》（1966）、《表演》（1970）中的明星，是另一个自我毁灭的典型。他对好莱坞肤浅的价值观感到绝望，为自己不充分的公众面孔感到压抑，停演十年。后来他加入教士会，致力于社区工作，直到20世纪80年代早期才重返屏幕。

英国童星莱纳·扎瓦罗尼成年后死于厌食。玛丽尔·海明威和戴安娜王妃都曾被贪食症困扰。媒体曾经猜测《甜心俏佳人》里的卡莉斯塔·弗洛克哈特和波西亚·德·罗西、《老友记》中的詹妮弗·安妮斯顿、辣妹组合中的维多利亚·贝克汉姆为何体重骤减。"狂躁街道传教士"乐队中的里奇·爱德华兹曾经自残，长期为抑郁症和酒精所困扰，并于1995年突然消失，人们怀疑他已经离开人世。席德·维瑟斯和科特·柯本都曾吸毒成瘾并且行为怪异，看起来无法处理好名誉问题，最终都选择了自杀，一个死于过量吸食毒品，另一个则用枪击中了自己的头部。伊丽莎白·泰勒、"猫王"、马龙·白兰度、罗斯安妮·巴尔、埃尔顿·约翰和奥普拉·温弗瑞都曾因体重问题饱受痛苦。

名流自我降级和外部降级的例子不胜枚举。有一点需要在这里重新强调，名流的身份剥离仪式都集中在肉体上。理想化的男女明星的苦行一般都是摧残自己的肉体，如撕扯、割伤、脱皮或鞭打等，反之，还有暴食、成瘾、患上广场恐惧症和幽闭恐惧症。

在极端的例子里，自虐会导致自身陷入身份剥离的旋涡——崩溃——因为在真实的自我中已经没有什么东西真正值得拯救，最后的结果是让他们感到自己无药可救。这种对真实自我的侵蚀削弱了个人的安全感，造成临床或亚临床状态的抑郁症，最终可能导致自杀。自我伤害的目的既是防止

乔治·贝斯特

自己遭受进一步的侵蚀，也是向公众献出祭品。自杀通常缘于对媒体和粉丝的蔑视和憎恶。

个性演员乔治·桑德斯于1972年以过量吸食毒品的方式结束了自己的生命，他在遗嘱中写道："亲爱的世人，我走了，因为我感到厌倦，而你们将在这个可爱的粪池里继续受苦。"1994年，科特·柯本因吸毒问题和无法承受公众的追逐、舆论的批评而自杀。1969年布莱恩·琼斯意外辞世，玛芮安妮·菲丝弗企图自杀。她在自传中表明了自杀动机。在某种程度上，吸食过量的毒品是她对滚石乐队成员和大众媒体的报复行为，她认为他们对琼斯的死表现得太过得意了。菲丝弗认同琼斯，相信他的死其实是一种牺牲。他的牺牲没能改变公众、媒体和粉丝的态度和行为，所以她必须采取进一步的行动唤醒每一个人。她对琼斯怀有的强烈的认同感——认为他们简直是孪生兄妹——是真实自我感到屈辱和丧失的典型例证。菲丝弗写道：

> 从17岁直到现在，我一直过着梦游般的生活……经理人、星探、媒体和公众。他们看到的你可能是真实的你，但也可能完全是另外一个人。这并不重要，你的一部分已经睡着了。在你身上留下的烙印挥之不去，它有

足够的力量对你和你身边的人进行催眠……我以自己的
方式进行斗争，我开始推开每个人，不断地对人、对境
遇、对生命本身大喊："不，不，不。"我不是这个，我
不是那个，我不是其他人。我总是想，我并不为我所得
到的感到高兴，这里面一定有问题……但是，有时，这
并不像我的生活，好像我过的是其他人的生活。[1]

　　菲丝弗以忏悔的形式写下这段文字。她自杀未遂。她没
有放弃吸毒，曾一度流落街头。但是，从自身的崩溃经历中，
她认清了一个表象，她可能以公众想象中的形象重新融入社
会。你不可能放弃公众面孔，因为戴面具是名流不可逃避的
状况。同时，她通过向公众忏悔承认了自己的脆弱，这可以
帮助她免受临床或亚临床状态下自我疏离的痛苦。

　　有"朋克公主"之称的宝拉·叶慈死于2000年9月，当
时她只有40岁。据报道，警方在她床边发现了许多空伏特加
酒瓶、处方药和海洛因，但却没找到遗书。在英国，叶慈是
朋克时代酗酒女星的代表。最初，她作为鲍勃·吉尔道夫的
女友而闻名于世。她曾为《阁楼》杂志拍摄，裸体出现在"改

1　　参见玛芮安妮·菲丝弗著《菲丝弗》（伦敦，1994）。——原注

革俱乐部"，出版了一本名为《穿内衣的摇滚歌星》的写真。她最终嫁给了吉尔道夫，并为他生了三个女儿。她还做过电视节目主持人。一开始，她在第四频道的80年代最重要音乐节目 The Tube 中担任女主持人，后来，她为《丰盛的早餐》（The Big Breakfast）节目做采访人，她的工作是采访刚起床的明星。其中一次最不同寻常的经历就是采访 INXS 乐队歌手迈克尔·赫金斯。

叶慈给公众留下疯狂、奢侈享乐、卖弄风情的形象。在20世纪80年代中期她发起的救济第三世界饥荒的"吉尔道夫生活援助"运动中，她扮演的人道主义者角色多少削弱了她先前给人们留下的不良印象。也许正因为她还是一个名人母亲，媒体才将她与迈克尔·赫金斯在1995年的风流韵事作为丑闻大肆渲染。叶慈是个被抛弃的私生子，现在她又被媒体指责为一个不负责任的母亲。吉尔道夫赢得了孩子们的抚养权，但是最终同意与叶慈分担抚养责任。1996年叶慈和赫金斯有了他们自己的孩子——可爱的哈兰尼·泰戈·莉莉。一年后，赫金斯离奇死亡。人们发现他用腰带将自己吊死在悉尼旅店的房间里。叶慈悲痛欲绝，行为变得更加古怪、暴躁。她被当成抑郁症病人，与赫金斯的父母展开了一场激烈的争夺莉莉监护权的斗争。她强烈地抵制验尸官关于赫金斯死于

1.宝拉·叶慈和女儿

2.玛芮安妮·菲丝弗

3."飓风"亚历克斯

自杀的判断，坚持认为赫金斯是纵欲过度窒息而死。

1997年，媒体披露她的生父是哈伊·格莱尼——20世纪六七十年代猜谜节目主持人，而不是她所猜测的宗教节目主持人杰斯·叶慈，这使她的自我判断力被彻底摧毁。叶慈在公众面前有一种羞耻感。媒体谴责她离开吉尔道夫，大家猜想赫金斯是通过自杀的方式抛弃了她。目前，DNA检测也质疑她身份的真实性。身份感的丧失以及在不明不白的情况下痛失所爱，让她对真实的自我越来越困惑。1998年，她被送进了精神病院，两周后，她企图上吊自杀。她开始了一段又一段备受关注的恋情，其中一个与她交往的吸毒者将自己的故事卖给了报纸。

1999年，她想通过主持《与杰瑞·斯普林格共度夜晚》这一节目重整事业，结果失败了。《卫报》讣告栏（2000年9月18日）将她的死列为"明显的自杀"（后来验尸官的报告驳倒了这一不成熟的判断），并做出这样的结论："她热爱聚光灯，喜欢声名显赫，根本无法适应隐姓埋名的生活。她是一个庸俗、不负责任的怪人，在许多方面，她代表了现代名人所有的愚蠢和空虚。"

在崩溃或近乎崩溃的状态下，名流通过向公众忏悔重新树立形象。正因如此，安东尼·霍普金斯曾定期接受采访，讲述他同酗酒做斗争的经历和他匿名戒酒会会员的身份。基思·理查兹向媒体公开了以前的吸毒史。电视布道者金·贝克和吉米·李·斯瓦加特都承认了他们的婚外情，请求观众的宽恕。斯瓦加特承认他曾和妓女鬼混，他在节目中向他的妻子、儿子、牧师、教区传教士，向全世界喜爱他的观众请求宽恕。在忏悔的最后，他转向了上帝："我的主啊，我犯了罪，得罪了您，我恳求用您的宝血洁净我，直到不再记得我的罪过。"比尔·克林顿在多次否认之后，最终不得不在电视广播中向全国人民承认他和莫妮卡·莱温斯基发生过性关系。

在很长一段时间里，名人同性恋一直被强烈地否认。蒙哥马利·克里夫特、泰伦斯·拉提根、诺埃尔·科沃德、艾德加·胡佛、约翰·吉尔古德和詹姆斯·迪恩一直对性事闭口不提。1956年，利伯雷斯控告《每日镜报》的描述暗示他有同性恋倾向。直到1987年他死于艾滋病并发症，在他死后，验尸官坚持验尸，才公开了他同性恋者的身份。

近年来，和崩溃／忏悔有关的一个有趣变体极为显著，那就是将名流的患病情况公之于众。直到最近，患有危重疾病的名流才开始隐瞒他们的病情。随着被癌症、老年痴呆症、艾滋病一步步侵蚀，他们的身体越发衰弱，但他们一直对自己的病情守口如瓶，直到逝世或无法继续隐瞒。

美国前总统罗纳德·里根一直隐瞒自己患有老年痴呆症，直到他的症状迫使他不得不过隐居生活时，公众才得知他的病情。米歇尔·福柯、伊恩·查尔斯顿、安东尼·博金斯、罗伯特·弗雷泽和鲁道夫·努里耶夫患有艾滋病的消息，在他们死后才为人所知。在洛克·哈德森、弗雷迪·莫库利和罗伯特·梅普尔索普病入膏肓时，人们才得知他们患病的消息。

与此相反，还有一些名人对自己的状况极为公开。德里克·贾曼、奥斯卡·摩尔、肯尼·埃弗利特、"魔术师"约翰逊、霍利·约翰逊和哈罗德·布罗基等人公开了自己患有艾滋病之事。事实上，贾曼后来成了一名与艾滋病不懈斗争的斗士，他提高了人们对艾滋病的认识，并批判了同性恋者虚伪的生活方式。与此相似，弗兰克·扎帕在患癌症早期就公布了病情。剧作家丹尼斯·波特同意接受一个英国著名电视节目的采访，在采访中公布自己已是癌症晚期的消息。他在节目中感人至深地叙述了自己的病情和濒临死亡的现状。记者鲁斯·皮卡迪、玛泰·哈里斯和约翰·戴尔蒙德都因在报纸专栏中记叙他们晚期癌症的状况而闻名于英国。戴尔蒙德因在《泰晤士报》开的专栏而获得了一个不大受欢迎的绰号："癌症名人先生"。

这类名流的崩溃或忏悔并不是出于自我降级或外部降级。有趣且具讽刺意味的是，据戴尔蒙德揭露，他曾收到过许多电子邮件和信件，指责他自我陶醉于在专栏中描述自己的病情。这种外部降级的形式是崩溃－忏悔关系中一个不可忽视的特征。名流将自己患有不治之症的消息暴露在公众面前，最终揭示了他们真实自我中的达观。身体的崩溃产生了一个崭新的层面，在这一层面，名流可以保持真我，和公众以与以往不同的方式对话。

赎
罪

Redemption

自我降级和外部降级仪式伤害了名流和粉丝之间的关系，因为它们揭示了名流在公众面孔和真实自我之间的分裂。名流公开地表示对粉丝的蔑视、揭开他们的公众面孔这副面具是冒着被名流文化反噬的危险的。辛普森谋杀案的审判、加里·格利特因从互联网上下载儿童色情作品而被捕入狱，在很大程度上破坏了他们与公众之间的关系。迄今为止，他们企图通过公开采访和忏悔来修复与公众关系的努力都失败了。

滥交、酗酒、吸毒或奢侈的消费，也会有损名流在公众眼中的理想化形象。20世纪20年代早期的喜剧明星阿巴克尔，因涉嫌误杀年轻的女电影演员弗吉尼亚·拉普而受审，这一事件毁了他的事业。后来阿巴克尔被宣布无罪，但是，对她的死，他无法脱离干系，是他的性变态行为直接导致了她死

1.吉米·李·斯瓦加特

2.丹尼斯·波特

3.安东尼·博金斯

4.蒙哥马利·克里夫特

5.德里克·贾曼

亡。尽管他声称自己是无辜的，并试图重返银幕，但他再也没有被公众接受。

耀眼的默片明星露易丝·布鲁克斯曾主演《潘多拉的盒子》（1929）和《迷失少女日记》（1929）。她惯有放荡之名，这直接导致了她的事业失败。有趣的是，20世纪70年代，英国评论家肯尼斯·泰南发现她过着默默无闻的清贫生活。他的描述重新唤起了人们对露易丝的兴趣，既因为她是20世纪20年代被忽视的偶像明星，也因为她是因享受性自主权而受到惩罚的女权主义者代表。

1994年，迈克尔·杰克逊涉嫌性骚扰一个13岁的男孩。为了不被起诉，他付出了巨额款项，有人认为金额超过2500万美元。在采访中，杰克逊辩解道，他是警方威胁恐吓的牺牲品，并否认了全部指控。然而，这严重损害了他作为那个时代超级偶像的地位。

事实上，吉米·斯瓦加特和比尔·克林顿在电视直播节目中的表现表明，忏悔能够获得谅解。救赎是堕落的名流试图通过忏悔求得公众谅解以重新树立其正面形象的行为。伊丽莎白·泰勒、理查德·伯顿、保罗·默森、托尼·亚当斯、"飓风"亚历克斯·希金斯和乔治·贝斯特都承认，他们一直在与自己的酗酒恶习做斗争，他们的脆弱取代了公众心目中的理想化形象，于是这些人获得了更多来自公众的同情而不是盲目的崇拜。

赎罪并不一定获得成功。政治评论家们普遍认为，克林顿因莱温斯基事件向公众忏悔并求得谅解的这一举动，动摇了他在美国的道德领袖地位。奇怪的是，在这样一个对外注重信用文化的国家，莱温斯基事件并没给克林顿的事业带来致命的打击。在他的领导下，美国出现了战后历史上持续时间最长的牛市，经济上的繁荣化解了对他的许多批评。2001年离任之际，他依然获得了历史上最高的支持率。然而，他再也没有得到"特氟龙总统"的称号——这称号的获得者是能够承受道德污点的。克林顿被打上了"非道德领袖"的烙印，这象征性地概括了20世纪90年代的伪善与虚无。

堕落的名流可能永远无法恢复其在公共领域的地位。但是，忏悔能使他们与公众的关系变得更加微妙。名流的脆弱和过失暗示了他们和粉丝的相似性，正是在此基础上，名流与公众之间建立了一定程度的民主。

赎罪的过程同时也有观众的积极参与。因为，名流要求粉丝原谅并宽恕他们与其理想化形象对比时呈现出的鲜明个性弱点或消极行为，或者承认他们的弱点和脆弱。

1999年小罗伯特·唐尼因毒品犯罪被判刑时，人们通过

1.理查德·伯顿

2.阿巴克尔

3.露易丝·布鲁克斯

因特网进行守夜祷告。他的影迷、朋友和支持者建立了"了解他就是爱他"网站，通过诗歌、信件和各种信息保证公众对他的关注。唐尼在2000年8月从加州监狱获释之后，宣布从此与毒品断绝关系。唐尼因毒品而被判刑，使他成为好莱坞的争议性人物。影迷们给予他一如既往的支持，增加了他重返银幕的机会。这一点重新强调了名流的社会建构特征。赎罪是通过代表性的谈判恢复名流被削弱的文化资本。在唐尼的案例中，他通过网站和在《名利场》上忏悔博得了公众的同情。但是，赎罪承认了性格的弱点，一旦犯者重蹈覆辙，就会招致更加激烈的公众责难和惩罚，因此它存在很大的风险。

娱乐崇拜

The Cult of Distraction

　　名流是当今娱乐文化的一部分。当人们对上帝的信仰逐渐淡化时，社会需要娱乐来分散人们对结构不平等和存在的无意义等痛苦事实的注意力。对于这个世界上的结构不平等，宗教提供了这样的解决方式，即向真正的信徒许诺永生。随着上帝的远去和教会的衰落，人们寻求得救的圣典道具被破坏了。名流和奇观填补了空虚，进而造就了娱乐崇拜，同时也导致了一种浅薄、浮华的商品文化统治，所以说娱乐崇拜掩饰了文化的瓦解。商品文化无法造就完整的文化，因为它在每件商品上都打上了转瞬即逝和最终可替代的烙印。同样，名流文化无法产生卓越的价值，因为任何一种趋向卓越的努力都被商品化扼杀在摇篮之中。

　　名流文化是一种人造的令人痴迷的文化。因为它所产生的激情源于舞台式真实，而不是真正的认同感和归属感。物质主义和反物质主义是仅有的可能的回应，两者都无法造就与宗教信仰所必需的神圣事物相关联的统一的信仰和实践。于是，娱乐崇拜既掩盖了现代生活的空虚，同时也增强了商品文化的魅力。名流展现了令人尊敬且富有魅力的不朽形象，这样就使我们能够根据物质环境来调节各自的心态，从而忘却生活中的空虚。我们可以将名流作为典范，也可以承认这样一种推论，即普通大众明显不如为数不多的耀眼的明星，因为他们没有"成功"。无论在何种情况下，都存在一种强烈的倾向：接受名流风尚，而不是继续深究关于生活内涵方面深层次的甚至难以解决的问题。从这个意义上说，名流文化展示了生活中的美学内涵，它使物质化的现实尤其是社会不平等和伦理判断等问题暗淡无光。

二分法所关注的是将名流文化看作一种积极的鼓舞人心的力量还是一种阻碍人们觉醒的麻醉剂。可以说，这种二分法具有误导性，导致了无益的争议。在每种情况下，名流所产生的社会影响实质上都是根据经验分析得来的。例如，有这样一种说法：戴安娜王妃参加扫雷活动，既提升了公众对这一事件的认识，又起到了动员作用。至于这种结果在本质上是否庸俗或自私，可以一概不加考虑。总之，这一活动帮助人们减轻了痛苦，而通过其他方法又很难达到这种效果。

名流的置入
及
认可

Celebrity Placement and Endorsement

名流能改变很多事情，并得到我们强有力的支持和喜爱，这就是一经名流认可的产品就会在市场上广受欢迎的原因所在。正因如此，企业才会不惜花巨资捕获这种名人效应。20世纪80年代末90年代初，以迈克尔·乔丹、斯派克·李、保·约翰逊为代言人的耐克系列广告，使耐克产品销量大增。"Just do it（就这么做吧）"也成为流行语普及开来。

从这些例子中可以看出，名流所产生的经济效益和广告效益可以被精确地衡量。但是人们对名流广告的强烈反应究竟出于心理动机、感情动机抑或文化动机还不是十分清楚。人们购买耐克产品是想与迈克尔·乔丹的强健体魄或个人魅力产生某种联系吗？还是坚信他是一个自强不息的运动员？乔丹之所以广受欢迎，是因为他是物质成功的象征和绝大多数人羡慕的对象吗？还是因为乔丹那建立在休闲和体育基础上的生活方式更具魅力？对于大众来说，休闲和体育只能在工作之余进行。抑或因为乔丹那快乐放松的风格暗示了耐克产品会给人们带来欢乐？也许所有这些因素综合起来，才使乔丹做的耐克产品广告如此吸引大众。

植入式广告在这样一个原则下起作用：将名流当作一种被尊重和被热爱的文化存在的公众认知，可以通过商业广告转移到商品上。广告投放的文化影响力依赖于名流形象在观众意识中的正面价值。

20世纪80年代，库尔斯（The Coors）和好时在系列广告中用复古的流行文化来宣传它们的产品。尼尔·阿姆斯特朗在月亮上的形象以及"猫王"、玛丽莲·梦露和舒格·雷·伦纳德，都曾被视为"美国原创"的代表。将美国的流行文化编成神话，也是将商品编成了神话。20世纪90年代末，苹果电脑在"非同凡想"系列广告中，用约翰·列侬、小野洋子、甘地、奥逊·威尔斯、阿尔弗雷德·希区柯克、阿尔伯特·爱因斯坦等名人的形象暗示，拥有苹果电脑会使人变得卓尔不群。

以上这些案例都说明了大众欲望和名流地位之间关系的复杂性。我们出于各种各样的原因被名流吸引，但这些原因只有通过实证调查才能具体确定。在理论层面上，我们只能假设，名流在大众标准化和可预测的年代为我们提供了英雄般的典范。他们往往表现得非常性感却又可望不可即；他们会表现出脆弱的一面，却能赢得人们的尊重和同情；他们同时也为人们提供了一个反面教材，警告人们小心处理日常生活中的情感。他们是物质成功的象征，炫耀着上天赋予他们的财富，同时也引来了欲望、忌妒和非议。此外，声名狼藉展示了社会上一种令人不安的普遍存在：一种脱节的、反社会的恶魔行为。杀人狂如蒂莫西·麦克维，连环杀手如弗雷德、罗丝玛丽·韦斯特、哈罗德·希普曼，被大众媒体形容为"恐怖电影中的孤僻人物"。

臭名远扬的人分散了我们对诸如生命、死亡和存在的意义等一些永恒的问题的注意力。当意识到生存毫无意义时，我们感到十分恐惧，但是名人让我们从这种恐惧中解脱出来，他们在当代文化中起到了重要的治疗作用。由于这种作用通常并不是以任何严格或有约束力的方式组织或计划的结果，因此，将它视为广泛存在的物质主义崇拜的副产品更合理些，这种崇拜分散了人们的注意力，以提高名流的价值。有一种观点认为，名流文化是一种文化置换的手段，其中存在的孤独被认同感和归属感的幻觉所代替，这种观点是结构

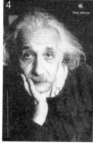

1.苹果公司广告中的约翰·列侬和小野洋子

2.苹果公司广告中的卓别林

3.苹果公司广告中的甘地

4.苹果公司广告中的爱因斯坦

主义读物的核心，它将名流文化与社会控制和经济剥削等同起来。然而，这些读物真的能够充分解释当今社会中名流文化的过度繁盛吗？

名流文化
的
繁 盛

The Prodigality of Celebrity Culture

部落社会的萨满或者是一个非凡的个体，或者是有着祖传血统或生物文化特征的小群体。他的角色被限制在宗教信仰和仪式范围内。只有在举行某种宗教仪式的时候，他的影响才会变得非常重要。在宗教节日、战争、庆生、哀悼或葬礼期间，萨满往往处于支配地位，而在其他时间，他则是一个低调的人物。

相反，名流在现代社会中人数众多且普遍存在。这并不仅仅是因为现代文明中的名人涉及体育、音乐、美术、电影、文学、人道主义、政治等众多领域。在这些领域，无论是名流的关注者还是普通大众，都能够适应这样一个事实，即身份地位的上下浮动是常见现象。大众媒体还向公众提供了类名流与虚拟名流。当代社会中名流文化的过度繁盛暗示了一种缺乏。

166

也许正如结构主义者所认为的那样，导致这种缺乏的原因是物质主义。对财富的欲望催生了一种过热的文化，其中名流是为经济积累而生产的商品。很显然，名流与人们对财富的欲望紧密相关。但是，我们还无法仅仅从物质角度解释现代文化中名流文化的繁盛。明星们在成为百万富翁后并没有终止演艺事业，迈克尔·凯恩、肖恩·康纳利、杰克·尼科尔森、克林特·伊斯特伍德、蒂娜·特纳、琼尼·米歇尔、巴里·怀特、埃里克·克莱普顿、基思·理查兹、埃尔顿·约翰、米克·贾格尔和尼尔·扬等人都如此富有，以至不需要继续工作。可见，贪婪并不足以成为他们倾毕生精力全身心投入演艺事业的动机。如果他们能更加谨慎地走好每一步，就不必退出屏幕或舞台。公众的赞许回应了我们对认同感的一种深层次的心理需求，赞许代表受人尊重和被人喜爱，它会给人带来被承认的快感。

除了外在的吸引，名流还给我们留下一种最缺乏安全感的印象。他们的吸引力也是衡量我们自己不安全感的一个特定尺度。在这个世界上，人最原始的状态是开放的，这就导致了我们的脆弱，我们渴望控制一切。人是群体动物，与社会密不可分。于是，在人与社会之间存在一种固有的张力。因为，在这个世界上我们的欲望要依靠别人才能得到满足，而且资源的缺乏和人性的脆弱始终影响着我们的行为和反应，我们永远不会感到完全的自在。

在社会学上，试图通过意识形态或霸权来统一人和社会的做法是不恰当的，因为它只呈现了开放性的一维视图，比如，人被理解为团体力量、文化产业、资本、国家、父权制、金钱文化或具有同等意义的主导机构的反映。从这个角度上讲，名流对我们处理自己的弱点和直面死亡都起到了重要的作用。

当然，在"后上帝时代"，脆弱和不朽的两难境地被着重强调。上帝的远逝结束了我们生活在一个意识形态系统里的统一认知。从此以后，人们喜好的差别和文化的多元性在公共领域变得尤为突出。由于缺少一个统一的神，一些人就开始寻找一个崇拜的对象并赋予生命新的意义。从文化立场的特殊性出发，人们常常提出普遍性的主张。但是将名流看成控制和操纵的对象并不能令人满意，因为他们也是归属感和认同感的象征，在"后上帝时代"使我们摆脱对可怕的生活的无意义的恐惧，而这种摆脱恐惧的欲望使我们特别容易受到萨满文化的影响。

查尔斯·曼森和吉姆·琼斯都极力给他们的信徒催眠。曼森是1969年发生在好莱坞的莎朗·塔特和其他名人谋杀案

1.克林特·伊斯特伍德

2.埃里克·克莱普顿

3.琼尼·米歇尔

4.莎朗·塔特

5.莎朗·塔特和著名导演
罗曼·波兰斯基的婚礼

6.肖恩·康纳利

7.迈克尔·凯恩

背后的罪魁祸首。琼斯则是圭亚那宗教组织"人民圣殿教"的头目，1978年，他命令他的913名信徒实施"革命的自杀"。大卫·柯瑞许是美国得克萨斯州韦科惨案中的邪教精神领袖。麻原彰晃是日本奥姆真理教的头目，据调查，他于1994年在松本市释放沙林神经毒气，导致7人死亡、144人受伤。随后，在1995年，他又在东京地铁站释放毒气，导致12人死亡，数千人受伤。2000年，在乌干达境内的数个地方挖掘出900多具尸体。调查发现，死者都是"恢复上帝十诫运动"的成员。他们是以约瑟夫·基布维特尔、多米尼克·凯特瑞巴伯神父和曾为妓女的克莉多尼亚·玛琳达为首的邪教的牺牲品。他们宣扬的"千禧年运动"预言世界将在2000年最后一天毁灭，而信徒则会被"上帝派来的烈火战车"救走。随着时间的流逝，这一预言不攻自破，所谓的圣会也变得难以控制了，无奈中，首领将"解脱"的时间推迟到3月。在本书的写作过程中，这一事件还没有一个明确的结果。据报道，可能已经有400名信徒被屠杀，另外，还有550人将遵照他们领袖的命令，用自己的生命作为活祭。

美国的电视福音布道活动的成功进一步证实了人们对宗教信仰的执着。然而，福音派教徒、原教旨主义者和五旬节派教徒的公众面孔并未削弱其在美国文化和经济中的重要性，而是夸大了他们的力量，同时这些人显赫的地位又是主流宗教相对衰落的征兆。吉米·斯瓦加特和帕特·罗伯逊的戏剧性布道和情感外露利用了美国福音派的民间传统。但是，电视布道也是大众媒体的一种延伸，利用了上升与魔力这些基本手段，而这正是名流文化中必不可少的。

因为推动力总是越来越大，所以名流文化本质上是膨胀的。现在，有组织的宗教已经屈从于这种态势。到1995年为止，教皇约翰·保罗[1]二世已经将276人封为圣徒，并对768人行了宣福礼。这比20世纪其他所有教皇加起来的成就还大。约翰·保罗二世在他的环球之旅中，每到一处，一下飞机就举行亲吻土地的仪式，这种在大众和媒体面前表现出的舞台式真诚，很显然是借鉴了好莱坞和摇滚音乐中名人在公众面前亮相的方法。

名流文化并不能代替宗教，更确切地说，它是宗教认同感和归属感得以实现的环境。至于如今的这种环境，已经改变了宗教最初关于上升和下降仪式的形式，可以不加考虑。这种环境的普遍存在才是真正的问题。我们每个人出现在公众面前的时候也需要剧本、台词和支持"印象管理"的工具。

1　又译若望·保禄。——编注

在提供所有这些条件方面，现在也许只有家庭才能与名流文化竞争。事实上，大量的证据尤其是离婚率和单身数量的上升，表明家庭已经开始衰落，而名流文化看起来却仍处上升阶段。到目前为止，它是胜利者。

追求与众不同、卓尔不群也许是建立在个人主义伦理道德上的名流文化一个必然的特征。普通大众强烈渴望被视为明星，是日常生活中现代心理病态的一部分，并且只有在名流文化时代，它才显得如此重要。例如，珍妮弗·林利只是一个普通人，却建立了自己的网站展示饮食、阅读、聊天、睡眠等日常生活，只有性生活不包括在内。1998年，这个网站的日点击率达到了50万次。

许多年以前，克里斯托弗·拉什就认为自恋主义已渗透至当代文化之中。[1]自恋型人格以自我意志为主导。此时，心理和社会的一切相关问题不是以社会状况为主，它们都集中在自我的需求和实践之上。自恋与普通人的超级膨胀有关。家庭主妇、办公室工作人员以及学生等普通人的经验和思想，都被赋予了重要意义。在20世纪60年代末和整个70年代，拉什一直希望推广大众心理学和心理自助计划。

1　参见克里斯托弗·拉什著《自恋主义文化》（伦敦，1980）。——原注

林利的网站是自恋的延伸。它假定人们会对一个普通人单调并可预知的生活感兴趣，正是人们对这些日常惯例的遵循产生了一种社会凝聚力。一开始，人们访问这个网站可能是由于喜好偷窥，它可以让人们了解一个陌生人的私生活。但是，偷窥癖并不能充分地解释这个网站长时间受到欢迎和关注的原因。此外，这个网站还为人们提供了很多增强认同感和归属感的机会。观众们通过经常访问这个网站，建立了他们自己生活中的惯例，而这种惯例正是填补孤独和空虚的基础。

在这一章里，我已经对名流文化是否能代替宗教成为认同感和归属感的焦点这一问题提出了质疑。

我认同这样一种观点，即源于原始宗教的上升和下降的仪式已经被名流文化接管并被改良了，这并不是一个单向的过程。有组织的宗教也借鉴了一些名人与大众交流的形式，迪士尼乐园曾被宗教组织用来吸引新的信徒，教皇约翰·保罗二世也曾试图从奥斯卡颁奖仪式中得到启发。我也承认，两者并不是完全相同。宗教组织依然保持着一般的社会秩序和宗教秩序。名流文化虽然激发了强烈的认同感和献身精神，但它在本质上是一种支离破碎、不稳定的文化，因此不能维持内涵广泛、牢固的精神秩序。然而对观众来说，名流文化的一些元素仍然是神圣的。随着有组织的宗教在西方社会衰落，名流文化已成为一个建立有意义并且团结的新秩序的替代性战略。虽然一些名人在破坏社会稳定方面发挥了作用，但名流文化在社会一体化的过程中扮演了更加重要的角色。

第三章
名流与审美化
Celebrity and Aestheticization

　　律师兼美食家让·安泰尔姆·布里亚 - 萨瓦兰（1755—1826）因在晚年发表了一部关于饮食美学的《厨房里的哲学家》一举成名。对于布里亚 - 萨瓦兰来说，将品味上升到审美角度是"敏感的自我"的一种属性，同时也是有教养和文雅的标志。他的观点建立在进化论的基础上，他认为早期人类的感觉是"完全直接的"，也就是说：那时人们尽管看了，却不讲究精确；听了，却不追求清楚；吃了，却不加以辨别；做爱，却没有温情。随着时光的流逝，

　　因为这些感觉在人的灵魂中有一个共同的核心，即它们都是人类特有的属性，是推动人类不断进步、日臻完善的动力和源泉，所以在人的内心中，这些感觉被反复斟酌、权衡，然后所有感觉都被调动起来互相帮助，共同为"敏感的自我"（或说"独特的个体"）服务。

品味是"敏感的自我"的一种品质，这一观点已经不再新鲜了。但是，布里亚－萨瓦兰认为每个人都可以达到品味的极致。他认为这是一种新形式的社会秩序的产物，在这一新形式下，品味标准不再有宫廷与社会之分，而是渗透社会的方方面面，并不断地变化。

当然，品味在名流文化中是非常关键的。事实上，名流文化的发展与日常生活的审美化密切相关。德国哲学家亚历山大·鲍姆嘉通在18世纪50年代创造了"美学"一词。美学是指对美的本质和感知的探求。在启蒙运动中，品味是衡量社会进步的一个重要标准。康德认为，美可以和真、善相提并论。品味将人类与动物世界区别开来，也使文明人与野人区别开来。尊重他人和被他人尊重都是至关重要的。

品味成为一种认可的标志，在此方面，人们对于特殊的文化风俗和文化价值的认识是一致的。在名流文化中，粉丝群体被看作一种品味文化，他们在自己依恋的名人方面培养并完善模仿和齐心协力去达成的标准。

日常生活的审美化是指对美和欲望的感知与判断在日常交流的过程中变得普遍了。人的公共存在模式是通过新的身体语言、个人之所以显著的关键性因素和行为风格展现出来的。都市化和大众传播方式的扩展，加强了个人的共存意识。

名流是随着公共社会的广泛进步成长起来的。印刷文化刚出现时，其影响范围是地方性的，随后迅速地扩展到全国甚至全球，对公共舆论的发展至关重要。

最初，公众面孔是作为处理社会关系的机制发展起来的。欧文·戈夫曼证明，公众面孔呈现出一种互动性，通过这种互动持续对社会境遇做出反应。由面部肌肉、发型、化妆品和服饰组合起来的个人外表，是个人社会能力的载体。如果一个人缺少了这些特征，就暗示着他缺乏自律，社交技能很差。忽视个人外表和个人卫生是初期精神病的典型征兆。对一个人的评价取决于他的外表、言谈和思想，这一切都决定着一个人的声名以及他对公众产生的影响。因为名流在当代社会中是一种自我呈现形式，所以阐明公众面孔的历史非常重要。这一历史与新的沟通技术的发展，特别是摄影技术的发展相关联，它也是一种与大规模的城市化、商品化和工业化相伴的与陌生人交流和提升个人社会能力的新方法的一部分。

公众面孔
的
提升

The Rise of the Public Face

　　18世纪，对公众面孔的苦心经营暴露在新的行为背景下。印刷文化的爆炸式发展使人际交流方式成倍增加，品味文化借此得以培养。仅仅声明这一点还远远不够，还必须简要地阐明这种变化的速度和规模，以英国为例。在英国，1700年以前，报纸、期刊和图书只能在伦敦印刷，通过四轮马车运送到全国的其他地方，极不方便。到了18世纪，各省的报纸迅速发展。《诺里奇邮报》始创于1701年，《布里斯托尔邮差》创刊于1702年。到了18世纪末，几乎每个主要的镇都自夸至少有一份当地报纸。相比之下，在伦敦，1790年至少有十四种报纸出售。[1]随后，到了19世纪，报界出现了一

1　参见罗伊·波特著《18世纪英国社会》（*English Society in the Eighteenth Century*，哈蒙兹沃思，1982）。——原注

个明显的分歧。一种观点认为，报纸应专注于报道新闻，最好是报道得耸人听闻；另一种观点则认为，报纸更应该强调严肃、客观地报道。第一批类名流就出现在专注于报道新闻和轰动性事件的报纸上。

印刷许可的放开很大程度地增加了版画、小册子、卡通书和歌谣的产量。《旁观者》《绅士杂志》《婚姻杂志》和《威斯敏斯特》等一大批杂志纷纷创刊。这些传播新闻、信息和观点的渠道对全国乃至全球的品味文化的形成十分重要。印刷文化的普及增加了对公众人物的观点、名誉和形象的表现形式。它还提供了一种机制，通过卡通和漫画作品，歪曲公众人物的名声或公众面孔。

小说和历史读物也开始大量发行，扩大了思想和声誉的传播范围，同时也将最初的虚拟名流引入了流行文化。莱缪尔·格列佛、鲁滨孙·克鲁索、汤姆·琼斯、特里斯舛·项狄等虚构人物开始占据公众话语，他们那些虚构的生活和想法也给人们留下了深刻的印象。这一过程的传播速度和扩散空间必须保持一定的比例。由于图书的价格仍然很高，大多数人的读写能力有限，那时的读书阶层还仅限于生活在伦敦、布里斯托尔、利物浦等一些大都市的有钱人。

1742年，亨利·菲尔丁的《约瑟夫·安德鲁斯的经历》

卖掉6500册。出版商为了解决高成本的问题，以系列本的形式出版图书。斯摩莱特的《英格兰史》卖出了13000册。一些图文书，如约翰·伍德的《小别墅系列设计图》，以及《时尚画廊》和《伦敦巴黎时尚》等杂志都为读者提供了新的审美标准。

简而言之，18世纪确定了流行全国乃至全球的大量受众以及随其而生的名流。至关重要的是，这与只能产生未成形名流的早期社会形态截然不同。当然，18世纪这种对公众面孔的创造利用的仍然是由家庭和社会提供的当地素材。现在，这一切是在更加精密和多层次的背景下进行的，在这种环境下，有关公共展示的数据、观点和意见都来自空间上远离观众和消费者的人。真实自我与公众面孔之间的区别也越发明显和详细了。功成名就的重要人物和臭名昭著之徒都成为公众争论和评价的对象。普通人开始用后天成就的名流来衡量他们自己，尤其是在美国革命和法国大革命后，天生的名流成了人们攻击和奚落的目标。随着民主和商品化的传播，人们开始从印刷文化中收集名流的模型、表现、衣着风格和观点。报纸和杂志的经营者们曾经一度被淹没在批评和责骂中，如今，他们说服编辑为一个个充满渴望的人提供有报道价值的事件和人物，获得了巨大的成功。类名流是在18

世纪兴起的准社会交往年代的产物。

有人认为，将领袖与社会联结起来的权力链最初是象征性的。因此，准社会交往是政府体系的重要组成部分。例如，恺撒、奥古斯都和古罗马其他时期的统治者与大多数罗马人的日常生活保持着相当大的距离。同样，在基督教中，基督是"世界之光"，受万民崇拜，作为上帝之子，复活后，他的身体却从这个世界上消失了。

可是，在18世纪，名流和公众之间的距离被印刷文化缩小了。报纸和杂志迅速采用了一种独具特色、重视个人观点的公共基调，来传达独立的思想。因为大众媒体处于一个竞争激烈的市场中，报纸和杂志的个性品质要通过内斗和地位战才能得以发展。正如在大众媒体中所表达的，公众文化变成了一种树立观念、交换观点和坚持立场的文化。这种沟通方式为后天成就的名流的角色扮演、角色转换还有公众面孔的扩充，提供了前所未有的机会。个人价值逐渐被附加在精心打扮的外表上。马克思认为，资本主义的崛起与将使用价值到交换价值的转变作为社会和经济互动的正常模式紧密相关。这种以审美化为前提的假设坚持这样一种观点：随着交换价值的全面化，商品的外包装和设计变得更加重要了。

虽然最初马克思的这种观点是针对商品而提的，但是，它同样也适用于人。在被交换价值统治的社会中，人们的言谈举止在社会和经济中的重要性尤为突出。吸引人并唤起人的欲望的能力，成为市场上广受欢迎的特征。身体不再仅仅是欲望的终点，它还是显示个性和魅力的载体。从这个意义上说，身体变成了一种商品。严格地讲，它不是个人财产，而是一种经过设计和包装能令人产生欲望并具有公众影响力的消费品。

因此，时尚在18世纪英国文化中变得更加突出，这并非偶然。当然，都铎王朝、伊丽莎白时期和詹姆士一世时期的文化培育了它们各自的风格。只是在18世纪，来自宫廷的时尚名流才对公共社会的观点和品味产生影响。例如，乔治·布莱恩，他更广为人知的称号是摄政时期服装华丽的"花花公子"布鲁梅尔，因时尚并且有品味而闻名于世。布鲁梅尔对服饰和妆容的过分讲究，从一定程度上来讲，是对法国革命者的市民式简朴与17世纪纨绔子弟的浮华的一种反应。与今天的普遍印象相反，布鲁梅尔的着装风格重在简朴。他强调适当地着装，反对贵族式的奢华和浪费。但这也反映了将时尚和浪漫的自我吸收作为地位和价值显赫的标志变得越发重要了。尽管布鲁梅尔的影响力主要依靠他与威尔士亲王（后来的乔治四世）的友谊，但是他的声誉证明了公众文化更容易受社会大众所引领的潮流的影响，而不是宫廷的影响的新局面。

时尚通常与社会成员相关。玛丽·道格拉斯[1]认为，文身、刺字、人体彩绘等身体修饰是社会身体的隐喻。[2]个人通过人体装饰和修饰放大了他的个性印象，并且表达了文化的一致性。20世纪初，社会学家格奥尔格·齐美尔提出，修饰和时尚有助于他所谓的个人魅力的展示。[3]18世纪，时尚变成了一种更为显著的文化资本。时尚变得越来越重要，也越来越多元化，这是因为个体在美学影响和身体文化等方面的竞争日趋激烈。由于衣着反映了一种连贯的生活价值观和抱负，因此它成了生活战略中一个更为重要的特征。

然而，18世纪的审美化发展是建立在一个悖论的基础上的。随着数据和舆论的来源和渠道急剧增加、准社会交往的规范化，人与人之间的公共关系却变得越来越匿名化。托马斯·潘恩的著作《常识》（1776），是美国独立战争期间的重

---

1 玛丽·道格拉斯（1921—2007），英国人类学家，著有《洁净与危险》《隐含的意义：人类学论文集》《重新思考流行文化：当代文化研究的视野》等。——译注

2 参见玛丽·道格拉斯著《洁净与危险》（伦敦，1966）。——原注

3 参见 K. 伍尔夫编《格奥尔格·齐美尔社会学》（*The Sociology of Georg Simmel*，纽约，1950）。——原注

托马斯·潘恩

要文献。当然,《常识》并不是第一部要求社会进行政治变革的著作。托马斯·莫尔的《乌托邦》(1516)勾勒出了一个共产主义社会模型。杰拉德·温斯坦莱的《自由法》(1652)勾画出一系列建立在平等、合作和人道主义伦理道德基础上的社会原则。莫尔的讨论因被克里斯托弗·希尔称作作家的思维游戏而消解了。温斯坦莱的小册子在工人阶级中产生了一种局部、不同程度的影响。潘恩的《常识》则是一个了不起的出版现象,据潘恩本人估计,此书在美国6个月内就出版了12万册。此外,这本书还在欧洲很多国家出版发行。潘恩成为美国独立战争期间最著名的思想家,这个称谓一直伴随他度过漫长、动荡且迷人的余生。[1]当他回到故乡英国以后,一些激进组织曾设宴款待他,祝贺他获得的荣誉。在伦敦期间,潘恩在伊斯灵顿的天使旅馆里住过很长一段时间,其间著成《人权论》(1791)一书,这是对埃德蒙·伯克攻击法国大革命的言论所作的反驳。这本书打破了所有的出版纪录。1791年,一本小说的平均印刷量是1250册,一般书的印刷量是750册。而这本书即便以三先令的高价(出版商的决定)出售,还是在两个月内卖掉了5万册。1791年,英国

1　参见 J. 基恩著《汤姆·潘恩》(*Tom Paine*,伦敦,1995)。——原注

人口大约是1000万，其中有40%的人受过教育。后来，据潘恩估计，十年内，这本书的完整版仅在英国的销量就达四五十万册。它还被译成多种文字，是继《圣经》之后影响力最大、传播范围最广的一本书。不仅如此，人们还经常大声朗读《人权论》，从而促进了这本书的观点以及其本身的传播，之后也给潘恩带来了恶名。

潘恩这两部著作的成功之处在于它们都公开批评现有政府，鼓励革命，反映了信息和思想解放所取得的进展。在17世纪，政府的审查官和书商工会通过许可制度和维护治安等方式，严格地控制煽动性书籍和小册子的流通。虽然他们不能阻止商业性的盗版和非法出版物的发行，却为文字作品的言论自由设置了相当大的障碍。到了18世纪早期，强化对印刷品的集中控制变得越来越困难了。诚然，1792年，潘恩的作品大受欢迎，抨击了英国政府的世袭原则并赞扬了法国大革命。这一切使威廉·皮特政府深感不安。政府情报人员和官员们不断地威胁和骚扰潘恩，最终迫使他逃往巴黎。皮特的策略为潘恩贴上了"煽动性人物"的标签，这反而提高了他在激进分子中的知名度。虽然政府将潘恩驱逐出境，但是并没能阻止这本书继续传播。人们集中居住在城市中心，因而获得了更多的受教育机会，汽车增加、运河系统发展，交通状况得以改善，这一切都方便了人与人之间的沟通。激进的思想不再受到清教徒时代国家的束缚，政府的政策和法令再也不能有效地阻止印刷机工作了。

在印刷文化中，人们无法通过文字直观地了解作者的体貌特征，这对名流文化的出现极为有利。通过图书、小册子以及报纸文章提升名人的知名度，为人们的认同感、归属感和效仿提供了无数的参考模型。名流文化使欲望具体化，因此在一定程度上纠正了日常的公众关系的匿名性。它清楚地表达了期盼、内在需求和渴望。由于吸引的长链联结了名人和观众，所以，名流文化在很大程度上提高了准社会交往在文化中的重要性。名人和粉丝之间的关系大多是虚构关系。这种关系的内容无疑是由经济利益决定的，而这种关系的结果则可能使名人和粉丝双方深陷其中。但是，无意识和潜意识的欲望一直是问题的核心。在18世纪，表达、交流欲望的方法完全发生了变化。在揭示这一变化的本质并通过对英国戏剧的转变的简短分析阐述它的重要性之前，非常有必要具体介绍一下名流文化中无意识欲望与潜意识欲望之间的关系。

有人可能认为，名流在某种程度上满足了人们无意识与潜意识的欲望。名流的公众面孔明显带有普遍存在于流行文化中的希望与幻想的痕迹。名流文化所宣扬的准社会交往恰好调解了人们潜意识中对英雄人物、与众不同的经历以及越轨行为的渴望，而这种渴望又从那些或名垂千古或遗臭万年的名人那里得到了满足。结构主义者对名流的研究，着重强调了这些希望与幻想的决定性本质，并且将商业当成这一行为的主要动因。如果不想低估这一中肯的见解，就有必要坚持一些人提出的无意识和潜意识欲望的活力过剩的观点。这样，准社会交往就成了普遍的互惠关系的附属品，其中，不知名的人之间偶然的零碎联系是非常重要的。在日常生活中，我们会碰到精心设计的身体文化组合。警察、地方法官、店主与罪犯、妓女、骗子一样，都向人们展示了各自的公众面孔，而这些面孔都或多或少地掩盖了他们的真实自我。人们在无意识和潜意识中，对他人真实生活的渴望与幻想总是不可避免的。

可以说，18世纪，各种类型的准社会交往的前提条件在全球范围内已经具备。一个人同时存在"隐性"和"显性"两种自我的观念，这在文化关系中已经相当普及。当然，人们最初发现这种区别并不是在18世纪。马基雅维利[1]在《君主

---

1 意大利新兴资产阶级思想家，历史学家。——译注

马基雅维利

论》（1513）中的分析，为人们掩饰真实的自我提供了技术指导。但直到18世纪，随着城市人口的增长、教育的普及、文化商品化以及宫廷与社会之间力量平衡的改变，印刷文化交流的新机制才使文本信息成为真正的自助实用指南。

人们支付得起、反映道德观念变化的书籍越来越多。这一数量的激增，将美学理论投射到了普通的社会互动的中心。审美化不一定会使生活变得更好。商品设计和生活设计都是资本主义扩张的组成部分。这一过程要求用商品填补消费文化的空间，不留下任何空白的角落。这样，一种新形式的粗糙的品味文化应运而生，企业家为了吸引大众，通过各种新式广告和娱乐活动相互竞争。19世纪诞生了约翰·罗斯金、A.W.N.普金、亨利·科尔、威廉·莫里斯等杰出的美学家，P.T.巴纳姆和西洋景也出现于此时。但是这些发展以及后来流行文化的成长趋势，都是建立在18世纪奠定的交流和品味基础之上的。

为什么审美风格在18世纪的文化中占据如此重要的地位？最近，约翰·布鲁尔在对品味普及的研究中发现，从17世纪60年代到18世纪60年代，品味文化在欧洲社会迅速发展起来。工业的发展和人口的集中是导致这一变化的关键性因

西塞罗的塑像

素。[1]另外，艺术和科学等各个领域的技术革新也起了重要作用。品味文化快速发展的关键是宫廷和社会之间力量平衡的变化，王室的赞助在这一时期并没有消失。事实上，直到20世纪，宫廷对流行文化的影响一直很大。然而，在18世纪宫廷影响力不可逆转地削弱的种子已经种下，王室赞助的艺术形式被出现在咖啡屋、阅读社区、辩论俱乐部、画廊、音乐厅里的新品味文化代替。名流文化源自这一伟大变革，从此出现了不同层次、形式各异的大众品味文化。此外，满足并扩展这些品味文化的活动，竟成了最为特殊、有利可图的商业活动之一。当然，古时候名流也并不是不为人知。有时，一些地位卑微的个体也会因一举成名而变得高贵。雅典的舞台曾造就一批著名演员。例如，伊卡里亚岛的忒斯庇斯成为公元前535年悲剧竞赛中的获胜者。西塞罗自地主和银行业者阶层中崛起，后来统治了罗马的贵族社会。据传说，西塞罗正是由于从著名演员昆特斯·罗西斯和悲剧演员伊索的表演中得到了启发，演说才如此精彩绝伦。普通人很少得到公众的关注。名流对公众的控制以及社会赋予他们的特殊地位，使他们的影响力可以超越时间的限制，长久地维持下去。

1　参见约翰·布鲁尔著《想象的乐趣》（*The Pleasures of the Imagination*，伦敦，1997）。——原注

英国戏剧

The Theatre in England

品味文化是如何普及的？名流起着显著作用的名流文化又是怎样形成的？英国的戏剧史可以使我们进一步了解这一过程。戏剧的重点是表演和投射，因此它是带有修辞色彩的、极具说教性和喜剧性的、性感的公众面孔演变的重要实验室。在前罗马时期，巡回表演的舞蹈演员、丑角、吟游诗人和说书匠等民间艺人就开始崭露头角。民间戏剧是从季节性的庆祝以及舞蹈中的喜剧元素发展而来的。这一切又与教堂礼拜仪式融合起来。中世纪见证了人们对市区露天表演以及神秘剧（通过在固定舞台上的表演来表现《圣经》内容）的品味的发展。礼拜式的戏剧开始被世俗的道德剧所取代。专业的巡回演出团、戴面具的化装表演等开始接受贵族的赞助。1494年，王室宣布了狂欢管理制度，这既肯定了戏剧的合法性，又为表演内容的管理建立了一个中心机制。

16世纪，流浪艺人在旅馆的院子或私人的宴会厅表演这一传统扩大了范围。随着伦敦人口的增加和集中，人们强烈要求拥有一个永久性的表演场所。1576年，曾经当过木匠的演员兼经理詹姆斯·伯比奇在伦敦东部的肖尔迪奇建了第一家公共剧院。随后，在短短几年里，先后出现了"玫瑰剧院"（1587）、"天鹅剧院"（1595）、"环球剧院"（1599）、"好运剧院"（1600）、"红牛剧院"（1614）、"希望剧院"（1614）等一大批公共剧院。在伦敦，剧院的出现为演员和剧作家成名创造了条件。那个时期最伟大的剧作家当然是威廉·莎士比亚，克里斯多弗·马洛和本·琼森也是声名远播的公众人物。与剧作家相比，那时的演员拥有更加显赫的声望，所以像理查德·塔尔顿（被誉为"伊丽莎白时期最著名的小丑"）、爱德华·阿莱恩、威尔·肯普、约翰·海明斯以及理查德·伯比奇等演员都是众所瞩目的名人。

伊丽莎白和詹姆斯一世时期的剧作家将君主制作为历史剧和悲剧的主题，揭露了宫廷社会的空虚、虚荣和软弱。事实上，当时人们利用戏剧批评宫廷贵族的穷奢极欲是极不寻常的，因此戏剧成了清教徒和保皇派的攻击对象。他们要求在对公共人物的批评上给予更多的限制。

1642年内战爆发时，英国通过了《禁止舞台剧法令》

（ *Ordinance Against Stage Plays* ），并关闭了所有的公共剧院。虽然这一法案禁止了公共表演，却无法熄灭戏剧之火，戏剧演出被迫转移到了地下。1660年王政复辟之后，公共戏剧又重新成为一项合法的娱乐活动。查理二世向托马斯·基利格鲁爵士和威廉·达文南特爵士授予了专利权，一直到1843年都允许他们垄断在伦敦的戏剧表演。基利格鲁建了国王剧院，先后在吉本网球场、德鲁里巷演出；达文南特则建了公爵剧院，先后在"林肯酒馆"和考文特花园表演。两家剧院最初都致力于改编老剧目，后来它们发展了一种新的娱乐风格，即风尚喜剧。这类戏剧——威彻利、康格里夫、凡布鲁、法夸尔等人所作——的观众在莎士比亚时期为数并不很多却很时尚，他们将这类戏剧看成宫廷社会的延伸。

王政复辟后戏剧的一个显著特征是第一次允许女性登台表演。伊丽莎白·巴里、丽贝卡·马歇尔、安妮·布雷斯格德尔、弗朗西斯·玛丽亚、玛丽·李和其他一些女演员都得到了相当多的赞誉，但其成就远远不及科利·西伯、托马斯·贝特顿、托马斯·多格特、亨利·哈里斯等男演员。在戏剧界，由于传统因素的影响，人们一直对女演员登台表演存有偏见，很多女演员也因此受到了极不公正的待遇。

《1737年特许法案》（ 1737 Licensing Act ）肯定了两家享

有专利权的戏院在德鲁里巷和考文特花园的垄断地位，授权国王的内侍行使审查官的权力，并且严格限制未经许可的剧场的发展。然而，城市工业的发展已经超出了宫廷有效的控制范围。人们对思想剧和讽刺性滑稽剧的普遍喜爱，使得一种非正式的流动的街头戏剧应运而生。其中，戏剧、舞蹈、滑稽戏、哑剧和歌曲是主要的表演形式。随着城镇人口的增加，流动的传统戏班重新流行并发展起来。18世纪最著名的演员经理（actor-manager）[1]大卫·加里克就曾在这样的戏班里做过学徒。加里克创造了一种自然主义的表演风格，提炼出了集中在莎士比亚戏剧中的戏剧标准。他的出色表现使他成为一个公众人物，是演员经理的典范。他对戏剧中经典作品的品味以及识别能力丝毫不逊于那个时代最权威的文学评论家。由于印刷文化在十六七世纪得到了很大的发展，舞台在民众生活中的重要性得到了极大的提高。加里克本人也理所当然地成为那个时代名流中的一员，作为艺术鉴赏家、美食家和无可挑剔的绅士，他被贵族以及普通民众视为国家和民族的珍宝。

加里克在上层人士的社交圈中游走，尽管如此，将他的

---

1 既是演员，又是剧团经理，双重身份。——编注

成功视为宫廷与社会之间的界限彻底消失的证据也是一种错误的看法。因为从本质上说，他的戏剧是一个舞台，在这个舞台上，高雅文化在不知不觉中复兴并得到了人们的尊重。他在建立英国经典常备剧目和美化传统英语口语等方面所取得的成就是相当重要的。只要符合那个时代被人们尊重的标准并避免了丑闻的发生，他就会被上流社会接受。他受到的欢迎也是视情况而定的，他一直徘徊在贫穷与富有、失势与有权、籍籍无名与影响甚巨的边界。上流社会利用手中的权力，通过发放许可的方式，向那些艺术家发出了警告。在维也纳，莫扎特贫穷且备受冷遇，一直为流言所累，宫廷贵族也因其丑闻而视他为眼中钉，他的命运在当时极具代表性。直到两个世纪以后，艺术家们才能公开他们的性生活、宗教信仰和政见，而不用再担心这一切会毁了他们的事业。

19世纪，一些与加里克的高雅文化戏剧相对的新娱乐形式出现在大众面前。莱斯特广场上伯福德的全景画面为人们展示了一个新的视觉奇迹。随着音乐厅和酒馆文化的兴起，观众看到了在新的集会地点展示的滑稽剧和悲剧。1843年的《剧院管理法案》（The Theatre Regulation Act）打破了德鲁里巷和考文特花园的垄断。虽然直到1968年审查制度才被废除，但英国戏剧通过揭露社会问题和政治问题而逐渐变得更具挑战性了。19世纪末，奥斯卡·王尔德的客厅喜剧实际上嘲笑了上层社会的道德观念和偏见。与政治相比，王尔德对美学更感兴趣，所以他的戏剧作品最终并没有发展成为真正的批判性戏剧。到了20世纪，我们从约翰·奥斯本、哈罗德·品特以及大卫·默瑟的作品中可以清晰地看到，五六十年代从社会批判剧到阶级敏感戏剧再到有关家庭生活的严肃戏剧（kitchen-sink drama）[1]的发展轨迹。

英国戏剧的发展史向我们展示了日常生活审美化的主要过程。从一开始，人们就打破了宫廷对品味文化的垄断。随着工业、商业、旅游业的发展和城市人口的日益集中，品味文化迅速发展起来，并从地方扩展到全国乃至全世界。印刷文化以及后来电子媒介的出现，使名流对粉丝的吸引冲破了地域和空间的障碍。欲望开始转移到自身缺失的东西上，于是呈现一种抽象的特性。媒体行业的发展为名流被认可提供了可靠的保证。随着后天成就的名流取代天生的名流，公共领域的扩大以及对强制性集中标准的放松，加剧了人们在文化资本方面的竞争。社会变成了一个舞台，其间公众面孔被

1　Kitchen-sink drama，一个特殊的短语，用来描述20世纪50年代末和60年初在英国戏剧、艺术、小说、电影和电视剧领域出现的一类现实主义作品，此处特指一种描写普通人生活的戏剧。——编注

1.约翰·奥斯本

2.哈罗德·品特

3.奥斯卡·王尔德

塑造成模仿的榜样。审美文化起到了将美、消遣和快乐商品化的作用，货币经济的发展则为美的判断和感知建立了一种量化的等级体系。

自我拯救
与
名流

Self Help and Celerity

　　日常生活的审美化，一方面突出了作为名流展示舞台的普通文化的作用，另一方面也削弱了宫廷实际、象征性的力量。在工薪阶层以及无固定工作的劳苦大众中产生了许多重要的时代领军人物。

　　拿破仑是科西嘉一个诉讼代理人——职位大概相当于英国一个地区的初级律师——的儿子。蒸汽机车的发明者乔治·史蒂芬森曾经是司炉工。科学家迈克尔·法拉第是铁匠之子。查尔斯·狄更斯的父亲因破产而负债累累，他本人曾在一家工厂做过童工。画家特纳的父亲是理发师并制造假发出售。启蒙运动领袖、学识渊博的本杰明·富兰克林，美国第七任总统安德鲁·杰克逊，第十六任总统亚伯拉罕·林肯，这些杰出人物虽然说不上贫困潦倒，但也是在经济条件极不稳定的环境下成长起来的。所有这些后天成就的名流，他们

查尔斯·狄更斯

的精神、才华以及在公众文化中所产生的影响，都与天生的名流形成了鲜明的对比。自然地，这些名人获得财富、尊严以及影响力的故事引起了公众相当大的兴趣。

塞缪尔·斯迈尔斯是一位严格自律、不懈努力的思想家、道德学家。他在1859年出版了有关自我奋斗成名的人的书《自己拯救自己》，这部著作在社会中产生了巨大的影响，是维多利亚时代较早出现的自助和咨询类书籍的典范。它对科学、政治、商业、工业、艺术等领域后天成就的名流进行了全面的研究，融入了他们的逸事以及箴言，并将他们视为追求积极向上的人的榜样。这本书在一定程度上攻击了自私和懒惰，并宣扬占有性个人主义高于其他一切道德和社会哲学。它认为国家的进步源自个体事业心、精力和正直，而不是别的什么。但更重要的是，这是一部赞扬名人成就的著作。

对斯迈尔斯来说，名流肩负着社会责任和义务。他反对名流的享乐主义或独裁主义，他将这种现象称作"恺撒主义"，并将其理解为"对人过分崇拜的最糟糕的形式，是纯粹的对权力的崇拜，与纯粹的财富崇拜一样退化"。[1]同时，他赞同基督教自我提高和进步的教义："充满活力的个人主

1　参见塞缪尔·斯迈尔斯著《自己拯救自己》（伦敦，1859）。——原注

义"。该教义认为人不应该受到出身和家庭背景的限制，而应该通过自己的努力、对基督教的信仰以及履行对社会的责任实现自我的进步。斯迈尔斯拒绝接受成名本身就是目的的主张。无论是后天成名还是拥有贵族血统，任何一种成名的形式都是为经济和文化增加价值，并且巩固基督教的道德框架。这是更高一层的、强烈的国家责任感的要求。通过无数自我提升的行为，最终实现国家进步和民族团结。

《自己拯救自己》并非对高雅文化的发难，斯迈尔斯承认身份等级的有效性以及贵族在社会中的位置。在结论中，他援引"真正的绅士"的贵族原型作为自己拯救自己的目标，真正的绅士具备自尊、慷慨、诚实、正直以及热爱荣誉这些品质。虽然这些品质总是与一些刻板的头衔关联，但是斯迈尔斯坚持认为这些优秀品质并不是贵族专有的，而是存在于各个阶层各行各业。劳动生活的活力为贫穷的人们提供了向上流动的动力，以及培养绅士品质的新机遇。虽然《自己拯救自己》承认了贵族文化的优点，但它仍然将劳动大众当成科学、文化和艺术的主要的"伟大传道者"。

《自己拯救自己》经历了几个版本，最后被确定为"工作的准则"。直到进入20世纪，它在工业世界都非常畅销，斯迈尔斯本人也因此成名。书中始终如一地贯穿一种观点，即充满活力的个人主义为社会提供了秩序和财富，后天成就的名流则向大众展示了人类最完美的一面，提供了可供效仿的模型。

在《利维坦》（1651）中，托马斯·霍布斯从政治经济学的角度就社会秩序是如何形成的和财富是如何获得的作出了经典的论述。他认为，自然状态就是所有人对所有人的战争状态。统治并不是一种理想的解决问题的方式，因为它在社会中绘制了一条明显的界线，这将最终导致冲突的产生。霍布斯指出，承认个人权利和限制自然自由的社会契约是解决一切战争的正确途径。斯迈尔斯的观点是众多社会契约理论中的一种。《自己拯救自己》将社会改良的责任直接压在了个人肩上，并且认为人们是在以基督的名义付出劳动。

霍布斯和斯迈尔斯都是非常保守的思想家。他们并没有去探寻决定地位和财富分配的特殊的经济原则和政治原则的历史特征，更没有试图去寻找一种更加公正平等的社会秩序，对成就的讨论都是以个人主义的语言完成的。斯迈尔斯将作为角色模型的后天名流描绘得十分清楚，他的用意是鼓励模仿，并利用这种方式稳固围绕着个人主义和市场社会建立起来的社会秩序。斯迈尔斯肯定了名流的作用，他用毕生心血集中研究那些利用自己的发明、企业管理才能、学术成

詹姆斯·博斯韦尔画像

就和艺术成就为经济结构和政治结构增加价值的人。

然而，19世纪大众传播方式的发展同样扩大了人们的低级趣味。像亚瑟·格里菲思的作品《新门编年史》（1883），就是借鉴了最先出现在18世纪后半叶的《新门纪事》，讨论了臭名昭著的盗贼、杀人犯、伪货制造者、刺客、骗子以及拦路强盗在断头台上最后时刻的情景。匿名创作的性自白书《我的秘密生活》（1888）因曝露丑闻而大受欢迎，这证明社会上存在一个对不道德和淫乱之事感兴趣的活跃的读者群。名流文化并非仅限于斯迈尔斯和其他人所指的可效仿的体面人物，有意跨越道德及文化界限的社会评论家和个人也成了人们崇拜的对象。抛开宫廷因素，只考虑社会本身并将其作为研究的焦点，名流文化逐渐反映了个性类型、社会习惯、冒险的刺激、兴奋的激情、道德和不道德的欲望、行为的转变、心理冲动和防御，而社会正是由其丰富的变体构成。名流文化的崛起，不仅反映了人们对个人成功的向往，更重要的是，它强调了对一种令人着迷的社会形态的追求。成就的典型样貌，或说形态，获得即时认可时的快乐与苦恼，积累财富的道德后果，天赋的变体以及公众的轻信，都是名流文化中值得广泛探讨的主题。

舞台名流

Staged Celebrity

詹姆斯·博斯韦尔的著作《塞缪尔·约翰逊传》（1791）是一部具有里程碑意义的名人传记。在这部作品中，他赞颂了一个作为公共文化附属品的公众人物的一生，这个公众人物的作品在很大程度上揭示了天生的名流和后天成就的名流的虚荣和弱点。虽然此前很多人写过名人传记，但却很少有作品这样独具匠心，既使书中主人公备受尊敬又提高了作者本人的声望。博斯韦尔笔下的约翰逊无疑是一个通过社会交往而成型的人物，他的形象随着所处时代的观点、癖好和行为规范扩展，他的文化纪念意义是通过对与人类事务相关的聪明才智的获得和展示实现的。作为名流身份的传记作者，博斯韦尔希望展现出的自我形象也是这样的，这也许是自卡利斯提尼斯时代以来传记作者第一次这样介入到其作中。博斯韦尔在如实地记述约翰逊的一生时，有人可能会说，其中毫无疑问加上了一些出于私心的细节，他既肯定了约翰逊在历史上的重要性，也阐述了他本人对约翰逊一生的认同。博斯韦尔的《约翰逊传》标志着名望的民主化和现代粉丝的诞生。因为它集中强调了后天成就的名流在社会中的表现和影响，并将传记作者和读者作为从模仿中受益的旁观者。后天成就的名流文化的兴起，象征着社会权力的民主化。平民出身的名流越来越多，这一现象也反映出天生的名流正在逐渐失去光彩和权力。

舞台名流通过设计适当的自我表现的技巧和战略，实现在公共文化中的不朽。在那些成功地设计了技巧和战略的案例中，后天成就的名流可能会获得持久的偶像地位。由于民主假定了全体选民在形式上平等，要求领袖比普通人更杰出，这样才能对公众施加影响，于是，那些政治领袖很快便熟练地掌握了舞台名流的表演技巧和战略，以获得公众的支持。美国总统不厌其烦并近乎虔诚地强调"为了美国人民"，可能正是利用了这一伟大的口技，堂而皇之地掩盖了资本或党派政治的利益，一旦它起作用，就能够造就一个持久的领袖。林肯从小木屋到白宫以及后来"为联邦"而牺牲的经历，就是这样一个相关的例证。小说家、政治家和媒体名人戈尔·维达尔在创作小说《林肯》（1984）时抱怨，因为绝大

1.林肯

2.安德鲁·杰克逊

3.尼克松和"猫王"

4.理查德·尼克松

5.玛丽莲·梦露

6.约翰·韦恩

1.凯文·科斯特纳

2.托尼·布莱尔

3.埃塞尔·默尔曼

4.格温妮丝·帕特洛

5.大卫·格芬

6.芭芭拉·史翠珊

7.唐尼·奥斯蒙德

多数的林肯传都没能超出圣徒传记的写作模式，所以他不得不借助虚构的形式来讲述真实的故事。实际上，维达尔认为，有必要把林肯从几十年来由媒体专家和狂热分子虚构的公共大厦中拯救出来，还他本来面貌。

事实上，林肯是名副其实的舞台名流。他杰出的演说技巧为他争取到了大量的选票，他的主张满是惊人的政治考量与机敏。他在内战中的表现始终着眼于子孙后代的福祉。《葛底斯堡演说》不仅仅是为内战死难者而作的荡气回肠的挽歌，还是一篇以林肯本人为偶像的国家获得再生之际的洗礼性演说。

林肯并不是第一位了解舞台名流在获得政治权力方面具有举足轻重的作用的总统。在一种文化中建立起偶像地位是一种宝贵的政治财产，因为它总是带有自动识别、预设文化权威并辐射魅力的特点。安德鲁·杰克逊是第一位将舞台名流的技术和战略用作强有力的政治武器的总统。在许多方面，杰克逊是19世纪典型的冒险家。他是美国独立战争中的一个步兵，战争期间曾被英国人俘虏并投入监狱。他在一场决斗中杀死了查尔斯·狄金森——纳什维尔的一位社交名流，被控诉在赌马时有不当行为。他是一个白人至上主义者和土地攫取者，发动了对克里克人的战争。在任职总统期间，他曾策划用武力手段将美国土著印第安人驱逐出他们的原始家园。1815年，杰克逊在新奥尔良对英国的战争中取得胜利，成了国家英雄。这场战争在美国国家形成的过程中起了决定性作用。人们认为杰克逊使美国重新恢复了民族自豪感和自信。在总统大选中，他利用这一声誉把自己描绘成比竞争对手更无畏、更果敢的形象。他领会了媒体在自我呈现和左右舆论形成过程中的重要性，将《环球报》作为宣传自己的主要工具。《环球报》为他完全控制民主党，在公众面前展示英勇无畏、与全国人民站在同一阵线的形象提供了平台。

林肯之所以在美国人民心中具有不可思议、不朽的地位，最基本的社会和政治因素源于安德鲁·杰克逊任职总统期间利用并发展了舞台名流这一主要的政治工具。继杰克逊之后，几乎每一次总统竞选都试图利用报纸来提升竞选候选人的名流价值。

名流文化的发展为名流代言提供了新的机会。从沃伦·哈定（1921—1923年任总统）起，历届总统都曾试图借助电影明星的声势来争取更多的选票。这一趋势在约翰·F.肯尼迪任职期间达到了高潮。他经常通过妹夫演员彼特·劳福德，约请弗兰克·辛纳屈、小萨米·戴维斯以及玛丽莲·梦露等明星到白宫做客。肯尼迪与梦露的风流韵事象征着名流文化中政客与影星之间混乱的男女关系。

理查德·尼克松在加利福尼亚长大，当时许多电影明星如查理·卓别林、亨弗莱·鲍嘉和爱德华·罗宾逊等人都公开支持左翼政党，但他对好莱坞名人的支持漠不关心。尼克松是那些由于其背景和外表不受人喜爱、缺乏安全感的小个子男子的代表。在他执掌政府期间，只有少数电影明星，像约翰·韦恩，被邀请到白宫做客。

等到了罗纳德·里根执政，情况又大不相同了。里根曾经是好莱坞的演员，他欣赏名流文化的宣传价值。1981年，他的就职典礼被视为两个半小时的好莱坞式铺张华丽的表演。明星们被邀请参加仪式，阵容庞大。这支明星代表团由小埃弗伦姆·津巴利斯特领队，由查尔顿·赫斯顿携带美国文学史上伟大的著作，约翰尼·卡森致解说词。唐尼·奥斯蒙德对查克·贝里的经典曲目的独特诠释（将"Ronnia B. Good"改为"Go Ronnie Go"），埃塞尔·默尔曼演唱的 *Everything's Coming Up Roses* 和辛纳屈为新任第一夫人演唱的 *Nancy*（*With the Laughing Face*），使观众沉醉其中。

比尔·克林顿是第一位"摇滚"总统，他利用影星和歌星来提高他自己的偶像地位。在2000年的总统大选中，戈尔尽管没有获得成功，但却在克林顿的帮助下获得了来自罗伯特·德尼罗、哈里森·福特、迈克尔·道格拉斯、杰克·尼科尔森、凯文·科斯特纳、汤姆·汉克斯、尼古拉斯·凯奇、理查德·德莱弗斯、詹姆斯·加纳、赫比·汉考克、奥利弗·斯通、罗伯·莱纳、大卫·格芬、迈克尔·艾斯纳、史蒂芬·斯皮尔伯格、格温妮丝·帕特洛、莎朗·斯通和芭芭拉·史翠珊等明星的拥护和经济支持。

在英国，政党领导人在效仿美国式的表演手法方面进展缓慢。哈罗德·威尔逊试图通过给甲壳虫乐队以及60年代的演艺明星授奖来为唐宁街增光添彩的举动，现在看来是愚蠢的、不真诚的，甚至令人尴尬。直到20世纪80年代中期，战后的选举活动一直是相对低调的。玛格丽特·撒切尔被认为是上天派来的领袖，她打破了英国的传统福利国家的模型，为英国的个人主义带来了新的活力。有人认为，她的成功并不具有实质意义，因为在她的领导下，英国一直处于社会动荡、经济形势极不明朗的状态。然而，毫无疑问，这些没有影响选民对她的态度，他们在连续三次大选中都给予了她很大的支持。她在政治活动中非常适度地运用了名人效应，尽管流行音乐节目主持人兼喜剧演员肯尼·埃弗雷特曾经在1983年保守党会议上提出了臭名昭著的"轰炸苏联"的倡议。

约翰·梅杰任职首相期间恢复了威尔逊、希思和卡拉汉期间的低调领导风格。在20世纪90年代，新工党再次放弃了这一风格。托尼·布莱尔成为工党运动的焦点人物。也许是因为布莱尔的妻子是演员安东尼·布斯的女儿，布莱尔从不避讳在公众场合与名流为伴。诺埃尔、连恩·盖勒格以及其他演艺界名人经常出现在唐宁街，与他共进晚餐。布莱尔以自己独特的方式会见公众，参加政党集会，接受媒体采访。同时，他也在此过程中培养了基督徒正直的个人主义，毫无疑问，连塞缪尔·斯迈尔斯本人都会为他鼓掌。

摄影术
与
舞台名流

Photography and Staged Celebrity

　　令舞台名流在社会中占有重要一席的一个主要因素，是摄影术的发明。公共影像对公众形象的提升和传播是至关重要的。由于照片在当代文化中已经无处不在，所以人们很容易忘记它的发明距今还不到两百年。1839年，路易斯·达盖尔首次向法国科学院展示了他与 J. N. 尼普斯共同发明的摄影技术。在英国，威廉·亨利·福克斯·塔尔博特曾经试图通过轻感光片来捕捉影像。1835年，他成功地应用没食子酸做出了底片，通过上蜡使底片变得透明，用于制作照片。摄影术的发明，从本质上为人类带来了一次文化的革新。

　　到19世纪40年代中期，银版摄影作品陈列室在巴黎、伦敦、纽约建立。罗杰·芬顿拍摄的纪录克里米亚半岛战争（1854—1856）的照片，以及马修·布雷迪拍摄的有关美国内战（1861—1865）的照片，都充分地反映了作为新闻传播媒介的摄影的广泛应用。此外，用摄影的方法拍摄人物肖像也为舞台名流提供了新的机会。摄影家加斯帕－菲利克斯·图尔纳雄（1849年以后人们称他为纳达）认为，他拍摄的照片可以使观众领悟到被拍摄对象的心境、想法、个性以及他所表达的主题。纳达为那个时代的杰出人物——杜米埃、莫奈、米勒、科罗、多雷、居伊和波德莱尔等——拍摄的照片，成了19世纪名人肖像摄影的样板。照片小巧、清晰等优点很快就使肖像画黯然失色。

1849年，詹姆斯·波尔克成为第一位被拍照的美国在职总统。而林肯充分地利用了这一技术，将他那庄严、专注、伟大的个人形象铭刻在美国人民的心中，照片把他表现成为美利坚民族的化身。纳撒尼尔·霍桑宣称："林肯总统是美国人民的杰出代表，是民族的化身、名副其实的榜样，在他身上具有上天赋予美国人民的独特品质。"[1]人们也曾给予华盛顿、杰弗逊、杰克逊相似的评价，但是林肯时代摄影技术的发展以及成本的降低，为更加真实地展现人物外貌提供了前所未有的机会。1854年，安德烈·迪斯德里在法国推出了带有缩小的肖像照片和签名的卡片——"访客票"。1861年林

1　参见纳撒尼尔·霍桑著《林肯总统的脸》（*The Face of Lincoln*，纽约，1979）。——原注

1.尤利西斯·格兰特

2.朗费罗

3.詹姆斯·波尔克

肯在大选中获胜一部分应归功于马修·布雷迪为他的竞选活动所制作的这种卡片。

迪斯德里的相机能在一张玻璃板上拍摄十张照片，因此为公众提供了他们负担得起、可大量生产的摄影纪念品。早在19世纪60年代，粉丝们就开始收集诸如维多利亚女王、朗费罗和尤利西斯·格兰特等一些重要人物的卡片。纳达是早期的一个改革家，他很快就从经营人像摄影的生意中获得了丰厚的利润。人们对卡片的狂热一直持续到20世纪，那时它的应用得到了进一步扩展，一些著名的体育明星、演员的肖像甚至被印在香烟的外包装上。

卡片使名流能够利用自己的照片达到接近公众的目的，这无疑提高了名流文化的重要性。由于越来越普遍可见，名流文化的形式与种类在流行文化中越来越突出。如果我们认为照片仅仅起到了启迪心灵和改良视觉效果的作用，那就大错特错了，卡片也为色情照片的流通提供了便利条件。因此，早在1850年，法国就通过了禁止在公共场所展示淫秽照片的法令，色情照片底片的持有者也将受到被判入狱的惩罚。人们又一次被名流文化变异、压抑与越轨的魔力所吸引。在色情卡片上暴露自己身体的男人或女人通常都是匿名的。1850年以后，这些非法照片日益增多，证实了非法、地下、不道德文化的诱惑力是多么大。塞缪尔·斯迈尔斯等一批改革家致力于以后天成就的名人为中心建立一个合理的令人备受鼓舞的社会，同样的过程也使那些来自边缘文化、受压抑文化领域的人恶名昭彰。

警方拍摄的暴力犯罪分子的面部照片就是这一过程的例证。他们的主要意图就是提高对人口的监督和控制。但是，将那些无视法律、臭名昭著的恶人的照片公之于众，在另一方面也增加了人们对他们的兴趣和关注，从而提高了他们的知名度。到了20世纪30年代，黑帮头目艾尔·卡彭曾经一度成为芝加哥的名人，备受演员、编剧和媒体的关注。当他出现在体育馆、餐馆以及其他公共场所的时候，经常引起人们的欢呼。群众之所以出现如此激烈的反应，其中一部分原因是慑于他的势力。直到20世纪20年代晚期，卡彭一直控制着芝加哥南部的卖淫、赌博和走私等活动，并且对芝加哥北部帮派的势力构成了威胁。卡彭所在帮派的影响渗透到这个城市一半人口日常生活的各个角落。但是，人们对卡彭的畏惧只是他出名的一个因素。由于向受压抑的人们提供非法的酒精饮料和毒品，他受到了这部分人的感激、尊敬和欢迎。卡彭并不是罗宾汉，但确实为那些可怜的人带来了被国家剥夺了的麻醉的快感，因此，在许多美国人眼里，他是一种正面

1.艾尔·卡彭
2.杜鲁门·卡波特

力量。他可谓臭名昭著，同时也为那些抑郁、正处于经济困境的人的生活带来了色彩和乐趣。卡彭在1929年情人节那天导演了一场大屠杀，企图刺杀北部帮派的头目乔治·莫兰，结果失败了。在这场屠杀中，莫兰的七名追随者被杀，这一消息震惊了整个世界，同时也提高了卡彭这个无法无天的匪徒的知名度。卡彭是20世纪三十、四十年代好莱坞黑帮影片的灵感来源，其中最著名的有《小凯撒》（1930）、《疤面人》（1932）和《黑帮》（1947）。照片和电影不仅使人们认识了卡彭、查理·吕西安诺、弗兰克·卡斯特罗、维托·吉诺韦斯、梅耶·兰斯基、布格斯·西格尔、乔伊·阿多尼斯、杜奇·舒尔茨以及其他一些不法分子，而且为这些不法分子的事迹增添了传奇色彩。

摄影为名流文化提供了新的舞台和扩大名流声誉的强有力的新方法。它所引进的这种新的表现媒介很快便取代了印刷文本，成为传播名流文化的主要手段。摄影以印刷品所不能企及的方式和速度广泛地传播名声。1882年，奥斯卡·王尔德的美国之行就是这样一个非常成功的案例，他关于伦敦新唯美主义运动的演讲深受美国人民的喜爱。有人认为，他之受到欢迎，并非因为他关于希腊艺术和文化的真知灼见，也不是因为沃尔特·佩特和约翰·罗斯金对美的理解，而应该归功于拿破仑·萨罗尼在纽约为他拍摄的那些照片。这些特别的展示方法将这位年轻的美学家展示为具有异国情调的阿多尼斯，这些照片使他的演讲风靡全美。

与之相似的是，欧内斯特·海明威在20世纪20年代晚期和30年代所取得的辉煌成就，在一定程度上要归功于海伦·布雷克在1928年为他拍摄的一系列魅力四射的照片。她拍摄的那些照片使海明威看起来像一位电影明星，继而大大增强了他的小说在图书俱乐部、报业集团、百老汇以及好莱坞的吸引力。另一个例子是杜鲁门·卡波特在他的第一部小说《别的声音，别的房间》（1948）封面上的照片。在这张照片上，作者穿戴整齐地靠在一把铺着软垫的躺椅上，一只手懒洋洋地搁在身子上。人们对他这张照片的关注程度并不亚于对他散文的关注。很多报纸和杂志都将这张照片与评论文章放在一起印刷，这本书的出版者兰登书屋也用这张照片做宣传——"这就是杜鲁门·卡波特"——并将它放在众多的书店里展示。

作者的外表无疑是读者想象的对象。19世纪的文学巨匠波德莱尔、乔治·桑、狄更斯、沃尔特·惠特曼、丁尼生和朗费罗等人都拍摄过照片，出版者也曾利用这些照片宣传他们的作品。但是直到20世纪二三十年代，出版公司才将斯科

1.伊夫林·沃

2.斯科特·菲茨杰拉德

3.威尔·塞尔夫

4.马丁·艾米斯

5.珍妮特·温特森

特·菲茨杰拉德、海明威、伊夫林·沃等人当作名人偶像宣传，他们那将时代精神人格化的外表和风度与他们的小说具有同等的文化意义。哈罗德·哈尔马为卡波特拍摄的暗示性照片开创了先例，相似的手法为后来者滥用。今天的作者，威尔·塞尔夫、杰·麦克伦尼、马丁·艾米斯、珍妮特·温特森、萨尔曼·拉什迪和布莱特·伊斯顿·埃利斯等人已经扩展了对个人崇拜的范围，因此他们的公众形象比他们的作品更为人们所熟知。

文化
经理人

The Cultural Impresario

　　王尔德和海明威的照片分别是制作人理查德·多伊利·卡特和斯克里布纳公司的编辑马克斯威尔·珀金斯组织的营销活动的一部分。王尔德和海明威等人不是简单地暴露在公众面前，而是由领导着评论家和营销人员团队的代理人精心设计并管理的。19世纪末，名流、类名流和虚拟名流在公共舞台上所展现的外部形象预示着文化经理人的思考和工作。毫无疑问，现在，舞台名流的外在形象已经由专业人员来管理了。

　　文化经理人的历史要追溯到古代。古罗马的执政官朱尼厄斯·布鲁特斯·贝拉应该是第一个可确认的实例。公元前264年，在一场纪念他已故父亲的仪式上，他第一次在公牛市场展示了角斗游戏。此后，角斗游戏就成了罗马生活中主要的表演项目。这些表演的成功需要策划、宣传和特殊的展示技巧。经理人的作用不仅仅是安排娱乐活动，更重要的是给表演定位并筹备演出，进行宣传，以便在公众中引发观看的欲望。中世纪，欧洲流浪艺人以及娱乐场通过引进巡回经理这一角色，增强了文化经理人的作用。但是，直到16世纪，这些传统才利用并发展了狂欢的形式，将其作为吸引观众的主要手段。将众多的表演形式集中在一个舞台上进行，往往使人们更加关注表演本身，忽略某个明星的个人魅力。直到伊丽莎白时期演员经理人的出现，才使得专注于由普通人中提升的舞台名流逐渐受人瞩目。

不过，我也注意到，16世纪到17世纪的戏剧发展遇到了很多障碍。皇家许可制度限制了表演的内容和范围，运输和通信手段的局限也阻碍了戏剧在全国乃至全球范围内的繁荣发展。因此，直到18世纪工业、通信和运输业的革命之后，明星们才能在舞台上大放光彩，无处不在。大卫·加里克使演员经理人的传统重新获得了生命力，并将其在宣传明星方面的作用提升到了一个新的高度。但是，直到19世纪40年代，现代的文化经理人才正式出现。

这一发展可能与现代城市社会的组织结构有关。具体地说，将学校、工厂、企业、医院和政府机构这类国家正式组织变为现代的法理型官僚政治组织形式的历史，可以追溯到这一时期。随着集中、固定的城市工业人口的增长，商业娱乐开始由原来无固定场所、无特定秩序的表演，逐渐变成了一种固定、系统的娱乐节目，舞台名流在其中扮演了主要角色。

那一时期最重要的文化经理人是菲尼亚斯·泰勒·巴纳姆。巴纳姆意识到，对社会形态的迷恋一直是流行文化的核心。通过安排个体在舞台上展示异乎寻常的社会形态，巴纳姆意识到，演员们几乎可以什么都不做就能吸引公众。这种表演的关键在于这位文化经理人大胆的展示技巧。因此，在1835年，他开始展示乔伊斯·希斯这个人，传说这个人是一个161岁的奴隶，曾经照顾过乔治·华盛顿。这一成功使巴纳姆发现了舞台表演能带来经济效益。

1841年，他接管了斯科德那家坐落在百老汇的经营不善的"美国博物馆"，这家博物馆灯光昏暗，展品稀少，仅仅陈列着一些贝壳、矿石、鸟类标本和化石。巴纳姆将这家博物馆更名为"巴纳姆美国博物馆"。一座名为"德拉蒙德灯"的灯塔被安装在这栋建筑的屋顶上，夜间，其放射的光芒能照亮整个百老汇的夜空。巴纳姆在建筑物上层近一百扇窗户中间安装了几十幅绘画作品，使整座楼房大为改观。现在，在博物馆的正面，人们就可以看到北极熊、大象、狮子、鹰、

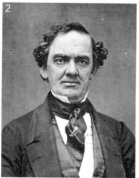

1.查尔斯·舍伍德·斯特拉顿的婚礼

2.巴纳姆

貘、长颈鹿、袋鼠的迷人形象，这一建筑变成了一座"梦幻般的商场"。巴纳姆还增加了一些花样翻新的表演，如"伟大的帕格尼尼口哨吹奏者"本杰明·佩勒姆、中国杂耍家祖彦（音译）以及耍蛇人杰·纳坦斯等的表演。他组织了声势浩大的广告宣传活动来宣传这家博物馆，到1850年，这家博物馆成了纽约主要的景点。

"美国博物馆"的宗旨是寓教于乐。从一开始，巴纳姆就致力于举办人类学展览，向人们展示人种的多样性。1860年的目录和游览指南中列举了准人类学展出中的13个"人类奇事"，其中包括一个白化病家庭（卢卡西斯一家）、活着的阿兹特克人（马克西莫和巴尔托拉，一对患头小畸形病的兄妹）、三个侏儒、一个黑人母亲和她两个患白化病的孩子、有须的瑞士妇女、苏格兰高地的胖男孩以及"这是什么？"（或者更确切地说，是哈里·约翰逊，一个患有头小畸形病的智障男人）。虽然有人对"人类奇事"的展览提出过质疑，但是它强有力地证实了巴纳姆的观点，即只有社会形态的展览才能和名流的表演一样为公众所接受。

巴纳姆将"美国博物馆"和他后来的巡回马戏团视为他的主要成就。事实上，他还是19世纪杰出的文化经理人。他使查尔斯·舍伍德·斯特拉顿（巴纳姆称其为"大拇指汤姆将军")和有"瑞典夜莺"之称的珍妮·琳德成名,成为那个时代出类拔萃的名流。"大拇指汤姆"完全是巴纳姆的发明。一个偶然的机会,巴纳姆在康涅狄格州的桥港发现了一个身高25英寸、体重15磅的男孩。他训练这个男孩模仿一些神话中的虚构人物和一些历史人物,如丘比特、参孙、大力英雄、鲁滨孙·克鲁索、该隐、罗慕路斯、腓特烈大帝、拿破仑等,并传授给他各种表演诀窍。"大拇指汤姆"很快便在纽约走红,随后又红遍整个美国和欧洲。随着年龄的增长,斯特拉顿开始发胖,他再也不能以小巧的外形取悦观众了。然而,当1863年巴纳姆让"大拇指汤姆"和32英寸高的拉维尼亚·沃伦同台展示他们的婚礼时,汤姆的事业重新焕发出光彩,并且拉维尼亚也着实让观众着迷了一段时间。

当巴纳姆为珍妮·琳德提供15万美元——史无前例的高价——让她在美国举办150场音乐会的时候,她在欧洲已经成名了。琳德不仅有天使般甜美的女高音,也是女性纯朴、善良、纯净和虔诚的化身。巴纳姆在她到达纽约前六个月就开始进行大规模的媒体宣传。他促使报纸对琳德在欧洲的演出进行评论,组织了"珍妮·琳德歌唱比赛",允诺向获奖者颁发200美元的奖金,获奖歌曲将被制作成音乐作品,由琳德在她的首场演出中演唱。结果有两万人欢迎她的到来。为了最大限度地渲染这种狂热的气氛，巴纳姆安排他的员工身着黑色西装手捧红色玫瑰庄重地站在人群中。虽然琳德在1851年缩短了她的美国之行，只演出了95场，但是巴纳姆仍然在不到一年的时间里获得了71.2万美元的收入。

顺便提及马修·布雷迪的"银版微缩图展览馆"，它坐落在百老汇"巴纳姆美国博物馆"对面。巴纳姆非常清楚公共关系的价值，他从不错过利用最新技术提升他对公众的吸引力的机会。他雇用布雷迪为"大拇指汤姆"、珍妮·琳德、卢卡西斯一家、暹罗的双胞胎恩和昌以及"大拇指汤姆"的婚礼拍照。布雷迪还负责制作巴纳姆的"访客票"、"大拇指汤姆"和拉维尼亚的卡片。

文化经理人权力的上升并不足以使明星们对其产生依赖。珍妮·琳德提前结束了她的美国之旅，只演出了合同约定的三分之二场次的演唱会，巴纳姆却没有能力阻止她的违约行为。并不是所有名人都如此幸运。在流行音乐领域，人们普遍认为"猫王"被他的经理人"上校"汤姆·帕克残酷地剥削过。他从"猫王"的唱片版税、表演以及商业广告中获取了大笔钱财。他还在20世纪60年代敦促"猫王"将自己的艺术风格扩展到忽略艺术价值的主流电影中去，并试图通过这种误导将"猫王"变成一名平凡的演艺人员。

1.珍妮·琳德

2.肯·皮特和大卫·鲍伊

直到布莱恩·爱泼斯坦于1967年过早地离开人世，甲壳虫乐队一直由他管理。爱泼斯坦对乐队的控制力度明显不如帕克对"猫王"的控制力度。自从1961年他在利物浦的"洞穴俱乐部"发现这支乐队，就一直管理这支乐队的财务、巡回演出和公共关系。乐队早期的形象设计大部分来自爱泼斯坦。例如，1962年，在他的鼓动下，乐队首次身着套装登台演出。1966年，在乐队决定停止巡回演出之后，爱泼斯坦的影响力被削弱了。尽管如此，在他去世以后，乐队在处理公众关系方面遇到了许多困难。列侬与麦卡特尼承认使用毒品，粉丝们大感震惊。《不可思议的神秘之旅》（1967）被评论界和歌迷认为是无法理解的。1969年，这支乐队创建的大众传媒公司苹果的大量资金流失，列侬宣布他们正面临破产。随后，列侬、哈里森、林戈·斯塔尔共同提出了一个解决方案，那就是邀请美国音乐经纪人艾伦·克莱恩做他们的经理人，而麦卡特尼却拒绝接受艾伦·克莱恩。乐队内部的分歧最终导致甲壳虫乐队解散。

在20世纪七八十年代，大卫·鲍伊是对流行音乐、时尚以及青年文化产生重要影响的一个人物。鲍伊以多变的造型和风格著称。1966年至1970年，肯·皮特曾经担任他的经理人，他最初试图将鲍伊打造成一个与安东尼·纽利风格相

1.托尼·德弗里斯和大卫·鲍伊

2.*The Man Who Sold the World* 上的大卫·鲍伊

3.*Hunky Dory* 上的大卫·鲍伊

4.马尔科姆·麦克拉伦

似的能歌善舞的演员，并鼓励他推出令人尴尬的新颖单曲"The Laughing Gnome"[1]。在皮特的安排下，鲍伊发展成为一名现代摇滚民谣歌手，推出了他的第一首大热歌曲"Space Oddity"，此曲在英国排行榜上排名第五。但是，鲍伊的唱片没有给人们留下很深的印象，于是他脱离了皮特，与新经理人托尼·德弗里斯签约。

在德弗里斯担任经理人期间，鲍伊发行的第一张现代摇滚唱片 The Man Who Sold the World（1971）销售量少得可怜，人们认为他只是昙花一现。但是，德弗里斯深知鲍伊对尝试和吸收流行文化怀有浓厚的兴趣。鲍伊将自己比喻成复印机，模仿流行音乐的风格，创造出具有独特文化韵味的合成物。德弗里斯决定利用鲍伊的才能去表达一种模糊性，改变他在市场战略中的造型。专辑 The Man Who Sold the World 封面上的鲍伊身穿一件连衣裙。德弗里斯正是通过将鲍伊表现成为第一个雌雄同体的摇滚歌星来满足公众越来越强烈的对异性恋标准化界线的兴趣。唱片 Hunky Dory（1971）封面上女性化的鲍伊，沿续了这种性别模糊的形象。Hunky Dory 取得了巨大的商业成功，使鲍伊一跃成为最具潜力的唱片艺

1　即 novelty song，一种主要为了追求滑稽效果而演唱的音乐，流行音乐的一个分支。——编注

术家。而真正使鲍伊成为国际巨星的是"基奇·星尘"。基奇·星尘是一个雌雄同体、外表华丽的人物，鲍伊形容为"介于尼金斯基和伍尔沃斯之间的形象"。在20世纪60年代，传统的摇滚偶像米克·贾格尔、吉米·亨德里克斯、吉姆·莫里森都是性方面的反叛者。基奇·星尘之所以吸引人，其中部分原因是他那不一致的公众形象。鲍伊将女性的阴柔与男性的阳刚糅和在同一个人物身上，从而创造出这样一个形象。他并不怂恿人们去效仿，但是能令人们从单调乏味的性爱、工作和家庭约束中解脱出来。*The Rise and Fall of Ziggy Stardust*（1972）及随后的巡回演出使鲍伊飞升为国际摇滚巨星。此后的 *Aladdin Sane*（1973）和 *Diamond Dogs*（1974）都取得了巨大的商业成功。

但是，到了1975年，鲍伊与德弗里斯以及他的公司Mainman产生了冲突。鲍伊公开声明从1970年起他一直是在"无偿地工作"。一般认为，双方的合作合同在法律上的终止对德弗里斯非常有利。截止到1982年9月，Mainman公司从 *Hunky Dory* 到 *David Live* 中获得了鲍伊版税的50%，还有鲍伊其他一切收入的16%。在双方会面结束后，鲍伊回到他在纽约的住宅，愤怒地咆哮了一周。

20世纪70年代中期朋克的兴起为文化的形象管理提供了

新的机会。朋克表达的是与嬉皮士柔和、非暴力的价值观的对立，是60年代成功的表演者暴发户式的自我关注以及70年代闪光的一代的非道德的恐怖娱乐（Grand Guignol）[1]。在这种纯粹的表达中，朋克向我们清晰地展示了工人阶级的青年所承受的挫败，他们从未去过伍德斯托克，一直都无法从高密度住宅和低报酬工作的劳苦中解脱出来。朋克表达了一种因愤怒和受压抑而产生的暴力，但它同时也是一种商业活动。可以说，最核心的朋克乐队是"性手枪"，他们的文化经理人马尔科姆·麦克拉伦曾经管理过"纽约娃娃"，并在伦敦的国王大道拥有一家名为 SEX 的精品店。麦克拉伦是法国情境主义的忠实信徒。他欣赏流行文化中的奇观，并信奉一句古老的情境主义口号："无聊是反革命。"他从自己的精品店——1977年改名为"骚乱煽动分子"——里招募乐队成员，为乐队成员起了一个骇人的名字，为他们提供排演场所，向他们灌输对抗和自发性行为的宣传价值。麦克拉伦的这一行径公然向已有的文化与反文化标准提出了质疑。他尤其严厉地指责20世纪60年代和70年代早期那些腰缠百万的摇滚乐队和独唱演员，称他们实际上已经变成得意、自满的流行文化

1　Grand Guignol 原意为"大木偶"，后指代非道德的血腥戏剧、小说或电影。——编注

霸主。"性手枪"旨在清晰地表达这种话语。这支乐队贫乏的音乐素养和对抗性的音乐风格只是在人们心中增强了一种诚实、正直的印象。

当"性手枪"解散的时候，麦克拉伦试图说服媒体相信这支乐队的存在一直是一个骗局，它是积累财富的工具。他这样做是为了突出他自己文化经理人这一角色，他成功地蒙蔽了媒体和粉丝们。麦克拉伦坚持认为流行音乐本身没有任何价值，它的成功完全是对媒体和公众操作的结果。由麦克拉伦精心策划、朱利安·坦普尔执导的电影 The Great Rock 'n' Roll Swindle（1979）正是对这一情况的完整且纯粹的表达，它只取得了部分成功。如果说"性手枪"乐队的成功完全是施展骗术的结果的话，那么他们的一些唱片，尤其是 "Anarchy in the UK" "God Save The Queen" 和 "Pretty Blank"，使人产生这种认知——20世纪70年代初，摇滚已经沦为一种难以形容的、拙劣的自我模仿。朋克表达了战后"婴儿潮"一代所面临的新困难，那时经济增长速度下降，这就意味着他们将无法得到与他们所受的教育对应的就业机会。

文化经理人
的
公司化

The Corporatized Impresario

　　文化经理人扮演着文化中介的角色，他们以维系表演者对观众的吸引来获得利润。文化经理人以各种耸人听闻的方式展示名流的风貌，以求最大限度地增强名流的吸引力。类名流是这一文化的附属品。文化经理人在塑造类名流的公众面孔时，将其塑造成短时间内备受公众关注的形象。与之相反，名流对公众的吸引力更加持久。20世纪以来，他们的事业不再是简单的个人管理方式，而逐渐以公司的形式来经营。

　　以好莱坞的电影制片厂制度为例，它根植于默片时期，直到20世纪三四十年代，才被艾尔文·萨尔伯格、路易斯·梅耶尔、大卫·塞尔兹尼克、塞缪尔·戈德温和杰克·华纳等电影大亨彻底改良。英国在影业巨头亚历山大·柯达爵士和J.阿瑟·兰克爵士的统领下发展了一种较弱的制片厂制度。好莱坞的电影制片厂制度实际上把电影制片厂当作一个商业公司，制片人享有很大的权力。他们能够将自己旗下的签约明星出租给其他制片厂，以换取酬金、办公楼或改写的剧本，还拥有对旗下签约明星所选项目的否决权。特别是萨尔伯格，他以近乎无情的坚定和钢铁般的决断力闻名于世。斯科特·菲茨杰拉德的小说《最后的大亨》（1941）中的主人公就是以他为原型塑造的。制片人主要忠诚于制片公司。如有必要，他会将公司利益置于名流个人利益之上。文化经理人不再能够决定用于展示名流的公众面孔的所有元素。

20世纪30年代，电影制作的大规模和成本已经要求以公司的形式制作、营销和发行产品，文化经理人的职能也开始发生细微的变化。他们由一个多功能的主持人——如巴纳姆——转变成为商业代理人，可以代表客户的利益与电影制片厂签约，也可以由于一个特定的项目将客户租给竞争对手的电影制片厂，或者专门策划公关宣传，简而言之，就是像买卖商品一样买卖客户。代理人与电影制片厂制片人之间的关系，对明星事业的发展起到至关重要的作用。电影制片厂制度一直持续到20世纪60年代中期，人们通常认为它对艺术的自由起到了抑制作用。

到20世纪60年代末期，电影制片厂制度受到了崛起的独立制片人的挑战。然而，在经历一段比较短的过渡期之后，

1.艾尔文·萨尔伯格

2.路易斯·梅耶尔

到了70年代中期，独立制片人的革命逐渐结束了。一个新介入的控制系统——以代理人与公司之间关系为核心——开始起支配作用。文化经理人，如名声较差的唐·辛普森——曾经制作过电影《闪电舞》（1983）、《比佛利山超级警探 I》（1984）、《比佛利山超级警探 II》（1987）、《壮志凌云》（1986）、《雷霆壮志》（1990）、《红潮风暴》（1995）、《危险游戏》（1995）以及《勇闯夺命岛》（1996），在确定影片叙事、角色分配、影片风格甚至配乐等方面起主导作用。但是他们的立场是与电影制片厂一致的，而这些电影制片厂最终要对其母公司负责，如迪士尼、西格拉姆（环球公司的拥有者）、时代华纳、索尼等。

人们普遍认为电影制作中的"高概念"是由辛普森提出的。也有人认为这一概念是巴里·迪勒在70年代早期担任美国广播公司总经理助理期间提出的，或是由迈克尔·艾斯纳，现迪士尼首席执行官，在派拉蒙期间提出的。"高概念"是指将叙事内容精简成一个能够立即被观众掌握的简单主题，以激起他们的兴趣。据曾经参与过制作《壮志凌云》的编剧奇普·普罗瑟回忆，辛普森最初的"高概念"定位于简洁本身。"两个穿皮夹克、戴太阳镜的家伙站在你这辈子所见过的最大、最快的飞机前面。"[1]这部电影最后的情节最大限度地忠实于这一点。为赢得梦寐以求的"壮志凌云"奖（为获胜者提供顶尖飞行员指导员的美差），一批模式化、训练有素的战斗机飞行员要进行持续数星期的激烈的空中竞技比赛。单维的人物个性只是这幅电影图景中的一部分，其中速度和冒险精神才是真正的主角。

"高概念"是以最大限度简化角色的性格发展为前提，以便最大限度地展示角色身体上的特点，特别是外貌和举止。音乐是塑造角色存在感、影片主题和风格的捷径。比如在保罗·施拉德的影片《美国舞男》（1980）中，吉奥吉·莫罗德作曲、金发女郎乐队（Blondie）演唱的歌曲《打电话给我》（*Call Me*）正是对高级舞男朱利安·凯（理查·基尔扮演）日常生活的描述。朱利安购买高档服装、梳洗打扮和驾驶着奔驰车与女客户约会时，背景音乐便是这首歌。

辛普森了解植入式广告的价值，并围绕着包括有畅销潜力的歌曲在内的电影配乐来构筑他的高概念电影，例如，格伦·弗雷演唱的"The Heat is On"是影片《比佛利山超级警探I》配乐中的热门歌曲，艾瑞尼·卡拉演唱的"What a

---

1 参见 C. 弗莱明著《高概念》（伦敦，1998）。——原注

Feeling"是影片《闪电舞》的主题曲，吉奥吉·莫罗德与汤姆·惠特洛克创作的"Take My Breath Away"是影片《壮志凌云》的主打歌曲。辛普森率先运用了流行音乐录像带和MTV的制作方法，获益匪浅。

电视网在发展 Blind Date、《谁想成为百万富翁》、The Other Half 等智力竞赛类电视节目的过程中运用了"高概念"策略。《谁想成为百万富翁》这一节目源于英国，后来出口到世界各地，被普遍认作世纪之交最成功的问答比赛节目。整个节目围绕着一个简单的原则进行，即参赛选手回答一系列问题，便有可能获得100万英镑。问题一轮比一轮难，当参赛选手遇到困难时，可以选择询问演播室里的观众或者给朋友打电话寻求帮助。但是这些选择的机会是固定的，一旦参赛选手用完了，就必须独自回答问题。

"高概念"是文化经理人艺术的典范。它将审美和叙述的内容减少到最低经济成本可支持的程度。任何一种单纯绝妙的创意，其结果都是以极大的热情计算出来的，而这份热情对评论、改良文化或社会没有任何兴趣。"高概念"可能被定义为没有反思的大众娱乐。例如，由唐·辛普森的老搭档杰里·布鲁克海默制作的影片《绝世天劫》，其票房总收入达2.02亿美元，创造了1998年度电影的票房纪录。这是一部"高概念"影片。一颗巨大的陨石被吸入地球轨道，碰撞意味着世界末日。影片围绕着这一简单而引人入胜的主题，讲述了一个特立独行、在石油钻探行业工作的爆破专家哈里·斯坦珀（布鲁斯·威利斯饰演）的故事。令人难以置信的是，斯坦珀和他的团队被认为是唯一有能力炸毁那颗陨石的爆破专家。美国太空总署（NASA）对他们进行了针对性的训练，并将他们送入太空。在经历一系列灾难之后，斯坦珀最终以牺牲自己为代价，引爆那颗陨石，拯救了世界。一般而言，关于《绝世天劫》和"高概念"，令人感兴趣的一点是两者内在的保守主义。这部影片是以讽刺绿色和平组织成员抗议斯坦珀的钻井队开场。斯坦珀是好莱坞粗犷的个人主义者的典型代表，当政府无力挽救世界的时候，他挺身而出，成为全人类的英雄。将他和他的团队送入太空截击那颗陨石的火箭被命名为"自由"号和"独立"号。斯坦珀和他留在地面的女儿（丽芙·泰勒饰演）之间的次要情节则强调了传统的家庭价值观。斯坦珀殉难，自然而然地拉近了他女儿与他视为儿子的倔强下属（本·阿弗莱克饰演）之间的距离。他与斯坦珀如同一个模子铸出，是一位年轻而又粗犷的个人主义者。他与斯坦珀女儿的婚姻因此变得水到渠成。

当然，一定存在着好莱坞公司化的反例。从表面看来，

《绝世天劫》剧照

《女巫布莱尔》(1999)以较小的投资换来了较大的回报，它的成功看似又回到了独立制片人的全盛时期。但是2001年和20世纪60年代的区别是，这些公司和附属于它们的制片厂并没有陷入危机。这些公司失去与流行品味的联系或者投资那些在审美上和政治上属于另一个时代的影片，并没有任何真正的意义。独立制片人所做的是指出好莱坞并没有发现的消费者市场上的空白。

好莱坞公司通过吸纳独立制片人来应对市场的挑战。迪士尼收购了米拉麦克斯影片公司，西格拉姆收购了十月公司，时代华纳收购了新线影片公司。电影评论员指出，在"独立电影"兴起的过程中，独立制片人的创造性和冒险精神都得到了母公司经济上的支持和"指导"。但是，这两者的结合并不完美。公司化的商业逻辑要求经营管理者制作能够使公司长期获得利润的项目。独立制片人遵循的则是一条与之相反的逻辑，他们更多考虑的是审美方面的意义。在很多方面，经济学与审美学存在着逻辑上不可调和的矛盾，结果经济学往往占上风。这样，在独立制片人中发展起来的审美价值，很可能要服从公司资产负债表的要求。目前，公司对电影发行和市场营销方面的控制意味着，如果独立制片人与公司决裂，试图凭借个人能力独立取得成功的话，他们的电影就很可能被限制在流行文化的边缘。

第四章
名流与犯罪
Celebrity and Transgression

2000年6月，伦敦24岁的工程师大卫·科普兰因涉嫌制造一起导致3人死亡、139人受伤的爆炸案而被判终身监禁。科普兰被报界称为"索霍区的钉子炸弹投放者"。他被认定制造了三枚钉子大小的炸弹，最后一枚在1999年4月炸死三人——死者中有一名孕妇，致伤致残几十人，导致成千上万的伦敦市民生活在恐惧之中。科普兰将另外两枚炸弹安放在布里克斯顿街和布里克街，针对的是黑人和亚裔社区。第三枚破坏力最大的炸弹被安放在"海军上将邓肯酒馆"，那里是索霍区同性恋聚集的中心。

在逮捕和审判科普兰的过程中，人们发现的一个最明显的特点是他对被捕满怀热情，甚至希望通过媒体来提高自己的知名度。据警方的描述，他被捕时心情愉快并对自己的罪行供认不讳。他告诉警察，他盼望着被捕，这样可以使他出名。"我一直梦想着这一伟大的时刻到来，做我想做的事，被捕、受审，这就是我的目标。如果没人能记起你是谁，你就等于从来没存在过。"在整个审讯过程中，他向警方详细描述了他是怎样制作和安放这三枚炸弹的。他认为囚禁不会掩饰他的真实面目，相反，他认为这是一个可以向世界展示自己的舞台。他满怀喜悦地接受审判，并抱怨说，当其他组织宣布对这些爆炸事件负责的时候，他有种被欺骗的感觉。

每起谋杀案就像每起自杀事件一样，在一定程度上都有些不可思议。从表面看来，行为人的动机可能是简单易懂的，但是导致一个人杀害别人或自杀的一系列因素是相当复杂的。新闻报道主要集中在科普兰对同性恋的憎恶和种族歧视情结上。有迹象表明科普兰曾经是右翼国家社会主义组织的成员。警方在对他的房子进行搜查时发现了两面纳粹旗，以及报道爆炸事件和受害者情况的报刊剪贴画。在审讯期间，科普兰毫不掩饰对少数族裔和同性恋的憎恨。他对男性受害者没有丝毫同情，但对一名孕妇死于"海军上将邓肯酒馆"爆炸案表示有些遗憾。英国内政部所做的一份精神分析报告指出，科普兰对同性恋的憎恶其实是他自己同性恋情结受到压抑的结果。有充足的证据证明，科普兰实际上是一个白人至上主义者和极端的同性恋反对者。

也许就此停止对科普兰的分析是一种见识浅薄的表现，

因为这就将科普兰定义为一个精神病患者、反社会者。结果，对于他的这种行为的分析，就会更多地从医学角度来考虑，而不是进行深入的文化及社会学调查。就像人们曾用"孤独的疯子"理论来解释约翰·肯尼迪和马丁·路德·金暗杀事件一样，科普兰被认为是一个孤僻、不合群的人，他任由种族和性方面的病态幻想战胜自己的理智。因此他被看作一个与整个世界的规则完全脱离的怪物或疯子。他被描述成一个非人类的魔鬼。他的行为被病态化了，他的行为与普通生活之间的关系被最大限度地弱化了。

杀人犯并不是异类。相反，如果根据后结构主义／后现代主义的观点，认为人的心理状况是碎片化的且易变的，那么，在特定的环境下，任何一个被外界环境刺激得近乎变态的精神片段都有可能导致杀人行为。同理，泰德·邦迪、约翰·韦恩·盖西、伊恩·布雷迪、迈拉·辛德利、皮特·撒特克里夫（"约克郡开膛手"）、罗丝玛丽·韦斯特等连环杀人案的凶手在杀人之后恢复了正常的社交活动，这表明我们并不能单纯地从表面上认为杀人是心理变态行为。因此，将杀人犯和正常人做两极化区分是毫无用处的。

当然，科普兰并不认为自己精神失常。他相信自己比其他任何人更接近真实的自己，并且不顾及后果地极力表现出

《邦妮和克莱德》剧照

来。他发表在《镜报》上的信中写道："我不是魔鬼，而是恐怖分子，我能为自己的信仰挺身而出。"既然科普兰如此坚信他的犯罪逻辑，他的行为就暗示了他反英雄的自我形象。在培养和运用这一逻辑的过程中，科普兰相信他自己比大多数"普通人"更加表里如一、真实。

警方在审讯过程中发现科普兰的政治信仰和宗教信仰都是肤浅的。他极端崇拜希特勒、萨达姆·侯赛因等各式各样的法西斯领袖，并将他们与斯大林和美国连环杀手亨利·李相提并论。他的观点中并没有连贯的政治分析和改革策略。有证据表明，与其说科普兰的所作所为是出于政治上的因素，还不如说他是一个极端主义者。那些通过残忍手段使自己出名的臭名昭著之人充斥着他的幻想世界。他认为自己是一个机警且诚实的人，在梦游者和伪君子社会中漂泊，他想要的是普通人通常太胆小、太矜持而无法得到的东西：名声。

《镜报》刊登了科普兰在等待审判期间的大量私人信件，我们对他的名流情结就有了非常详细的了解。这些信件都是写给一个记者的，科普兰相信这名记者是一个女性笔友。事实上，这名记者是个男人，他设下这个骗局，目的就是为《镜报》提供信件。在六个多月的时间里，科普兰的信件揭示了他对成名的病态的渴望。他反复询问网站上是否有关于他的新闻或评论。他幻想自己和这名记者是现代的邦妮和克莱德，当他的照片被刊登在报纸头版时，他以赞许的口吻如此写到。他写这些信件的主要目的是证实自己的卓越和诚实，巩固他在英国公众心目中的名人地位。"这么多人都过着如此平淡的生活，"他写道，"每天起床后就去上班，然后默默无闻地死去。这不是我的生活。"

暴力
和
名流竞赛

Violence and the Celebrity Race

　　既然名流竞赛是普遍存在的，那么科普兰杀人的部分动机就可能是为了追求出名。后天成就的名流成名的正常模式包括得到公众的赞扬和认同与归属关系的仪式化。如果成名的愿望无法通过正常的方式实现，一些人就很可能倾向于使用暴力手段来使自己成名，甚至不惜臭名昭著。对暴力的使用可以解释为因自己的非凡品质得不到认可而产生的对社会的报复性行为。毕竟，民主的文化氛围鼓励我们认为所有人都是重要的、特殊的。如果在生命的历程中不能实现这些愿望，那么个体可能会产生一种强烈的挫败感、被拒绝感和无效感。这些情感可能会被转移到社会或是被人们称为名流的社会代表身上。因此，也许名流竞赛是探讨"无意义且引人注目的犯罪行为"和跟踪行为成因的一个因素。当然，我们不能将恐怖事件、谋杀和系列杀人事件理解为因在名流竞赛中未能赢得公众的赞誉而产生的挫折心理的反映。在每个案例中，隐藏在这些行为背后的原因都需要进行实证调查。这些调查无不揭示了暴力行为是涉及家庭、性、政治、工作以及其他相关社会生活机构的复杂心理因素相互作用的结果。在这里，我想阐述的是，名流竞赛应该被视为社会生活中的一种制度，这种制度也许被证实是促成某些暴力行为的因素之一。在科普兰爆炸事件之后，报刊等新闻媒体和公众将科普兰妖魔化了，因此不能简单地认为他策划这些爆炸案是为了寻求人们的赞誉。另外，根据他在媒体上发表的言论，我们有理由认为他的所作所为是为了得到公众的认可，证实自己的卓越和与众不同。

从某种程度来说，现代社会的动态意味着我们所有人都被名流的光环所吸引，卷入了名流竞赛。众所周知，只有极少数人能获得公众的赞誉和认可，得到名流的地位。如果大多数人都有被拒绝感、无效感，他们会以不会对社会秩序造成威胁的方式将这些情感内化，这也是不言自明的。在本章内，我所希望探讨的主题是，一些个体将这种被拒绝和无效感转移到被认作社会认同感和归属感代表的名流身上，或者因为没有认识到这些名流的特殊品质而将自身的这些情感外在化，转移到社会上。

弗洛伊德认为，富有创造力的艺术家主要是在名誉、财富和性等因素的驱动下取得成就的。一般来说，名流比普通人富有，他们拥有更多的机会与极具魅力的伴侣发生性关系，他们拥有更多的权力可以避免遭受法律的制裁，而且，在很大程度上，他们更容易在社会中行动。这当然是公众对名流的认识，这也是有如此多的人渴望并幻想成为名流的原因之一。

从某种程度上说，对名流的渴望是对社会习俗的驳斥。人们可能会认为，越轨就是名流的本质之一，因为成为名流就是生活在传统、普通的生活之外。

所有的经验都会告诉我们，没有付出就没有收获。在拥抱财富、政治机遇、性可能性等时，名流无疑会反思名流地位带来的负担。在名流因自己的名声而发出的一连串抱怨中，被狗仔队跟踪、被追名逐利者纠缠、被陌生人嘲讽是最突出的。名流的家庭生活与普通人的相比也极不稳定，夫妻关系紧张、离婚、家庭不和现象的发生率高于平均水平。他们中间精神类疾病的发病率和死亡率也高于平均水平。这正强调了格奥尔格·齐美尔所谓的人体"辐射性（radioactivity）"

的理论，你会因此受益，同时也须付出一定代价。但是，考虑到名流竞赛中赢家和输家所占的比例，以及赢家获得的巨大物质收益和地位的提升，也许获得名流地位的原因并不能使布兰妮·斯皮尔斯或威尔·史密斯在睡梦中惊醒。真正令一些狂热者夜不能寐的是名流所过的生活、围绕着他们的财富、他们所享有的声望以及向他们敞开的各种机会大门。对成名的渴望反映了大多数人心中对超越约束其他人的责任和规则的强烈渴望。

毫无疑问，名流具有现代人普遍向往的特质，但是通过获得这些特质成名的机会是有限的。虽然评说名流如何处理在名流地位允许的范围内的越轨机会是有意义的，但是这里暂且搁置。我们首先要解决的问题是，研究越轨行为与日常文化中对获得名流地位的渴望之间的关系。

"成就饥渴"
及其结果

Achievement Famine and its Consequences

许多普通人都承受着"成就饥渴"的苦恼。这种心理是因未能得到富人和名流所享受的物质财富或浪漫成就而导致的。每个个体都希望自己是与众不同的、特殊的、唯一的，这种民主的理想与标准化、常规化的官僚主义倾向之间存在着冲突。当然，不能认为成就饥渴就是自卑或暴力行为的必然原因。虽然罗伯特·K.默顿在"犯罪与美国梦"（其中部分内容批判了美国社会物质上的不平等）中的分析让我们记起了这样的事实：如果人们强烈地渴望超越合法所得的机会，他们就会有利用非法途径去实现他们梦想的倾向。[1]即便如此，我们中的多数人在多数时间里，都是通过与家庭、同事、朋友们默默无闻的关系来获得名誉或受人尊重的地位的。

1　参见罗伯特·K.默顿著《社会理论与社会结构》（纽约，1968）。——原注

荒谬的是，一方面，名流被粉丝们视为功成名就的偶像，另一方面，他们却是成就疲劳和成就幻想的牺牲品。"成就疲劳"是指一种心理状况，即个人在获得所期望的公众面孔以及随之而来的认同之后，这种赞誉却成了他的一种负担或使他承受回报递减的压力。"成就幻想"是指对后天成就的名流的一种浅薄甚至错误的认识。当科特·柯本在20世纪90年代面对大众的追捧和媒体的侵扰时，他抱怨道："我起初并不想要这样。"人们普遍认为柯本自杀是他不融于名流文化的结果。这便是一个关于成就幻想的极端案例。然而，很少有名流会远离名誉。葛丽泰·嘉宝、多丽丝·戴，朗·钱尼、丹尼尔·戴·刘易斯和霍华德·休斯等人以主动放弃名流的光环为代价，维持或重新寻找真实的自我。约翰·列侬在他第二个儿子出生之后，为了有更多的时间来陪伴家人，摆脱名流地位的羁绊，毅然做出了停止录制唱片的决定。

贪婪的社会要求人们追逐财富和地位，因为这些是社会秩序中普遍的区别标志。成就饥渴是这个贪婪的社会造成的必然的心理结果。众多类名流和虚拟名流的出现可能会分散我们对这种心理状况的关注，因为他们带来了一种"成就灾难"，即琐碎、世俗的事件将个人投射到名流文化中。在这样一个假事件可以大力推动媒体进行疯狂的报道的社会里，无论出于何种原因，类名流在公众眼前出现的过程都是不拘一格、不断变化的。安迪·沃霍尔的名言——任何人都可以在十五分钟内出名——意味着假事件和类名流的兴起是不可阻挡的。

正是因为如此，类名流和虚拟名流也许可以被视为揭示了流行文化中深刻的失落感与缺失感。在一定程度上，有组织的宗教和社区的衰落是造成这种失落感的原因。正如韦伯的社会学理论所推测的那样，宗教信仰能够通过许诺来世得到救赎来医治成就饥渴。随着有组织的宗教的衰落，深沉的浪漫爱情和物质上的成功成为成就的标志。这两者在社会上的分布显然是极不均匀的，这一事实强化了这样一种观点，即成就饥渴是现代文化中普遍存在的心理状况。

从将成就饥渴视为这个贪婪社会的一个普遍症状到认为追求成名是许多杀人行为的明显动机，两者之间存在很大的跨度，但这种主张在有关谋杀的犯罪学文献中得到了普遍的认同。杰克·卡茨著名的犯罪现象学理论就是一个例子。[1]他从批判剥夺与犯罪之间的正统联系开始讲述这一理论。一些犯罪学学者和社会理论学家曾经遵从罗伯特·默顿

1　参见杰克·卡茨著《犯罪的诱惑》（纽约，1988）。——原注

的理论，将暴力犯罪视为对家庭背景不满或对社会经济地位低下的反应。卡茨批评这种理论并没有从罪犯本身来研究其犯罪行为。将获得视为犯罪的支配性动机是不能令人满意的，因为被盗物品常常被丢弃或者毁掉。在贪得无厌的渴望被内化之前，一些罪犯在青春期早期就明显地存在打破规则的欲望。罪犯们经常会为一种狂热、强迫性的冲动所驱使，渴望与众不同，渴望获得名望，渴望打破界限，"渴望成为明星——从字面上来讲，卓尔不群"。这种观点摒弃了犯罪行为"有罪"和"剥夺"的内涵，还其与名流竞赛相关的令人兴奋、有趣而大胆的外延含义。犯罪行为在某种程度上是追求一种高人一等的心理的表现，犯罪分子渴望在智力上超过别人，欺骗别人，从而肯定他们内心深处那种高人一等的优越感。这种观点并不排斥低下的社会经济地位与因渴望获得而实施的犯罪行为相关这一存在已久的理论。但是，它认为，分析犯罪行为的意义必须依据具体的犯罪行为的性质来研究，而不是根据量化的社会经济资料来做判断。

从这种观点出发，许多犯罪行为就变得更容易理解了。以20世纪20年代的利奥波德和勒布的杀人案为例，这两名凶手是家境富裕、看上去令人尊敬的芝加哥大学校友，他们成绩优异，前途无量，却策划并实施了一起完美的杀人案。他们杀害了14岁的男孩鲍比·弗兰克斯，将其尸体藏匿于沼泽地中，并向其家人索要赎金。这一罪行通常被认为是典型的二联性精神病（Folie à deux）[1]行为。利奥波德和勒布是利己主义的同性恋伴侣，他们中的任何一个都不可能单独杀人。两人各自都有独特的个性特征，一旦结合在一起就产生了一种不可抗拒的杀人冲动。他们并不需要钱。他们的目的是利用边缘政策蒙蔽警方和司法当局，从而证实他们的亚尼采理论，即"超人"不受普通道德规范的束缚。他们这种渴望得到公众关注的想法是非常含蓄的，因为他们并不希望人们将他们视为罪犯。这里存在一种关于名流动机的反向假设，其中不为公众所知反而是令人满意的，甚至可以强化他们地位的重要性（顺便提一下，英国连环杀手、医生哈罗德·希普曼通过蒙蔽当局而获得了一种满足感并增强了他的优越感）。在审理案件期间，利奥波德和勒布都极力追求确定一种智力优越感。面对媒体的密集报道，他们感到非常愉快，并将这视为在公众面前展露才华、蒙蔽起诉人的机会。最后，他们终于被陪审团认定有罪。

1948年，帕特里克·汉米尔顿的剧本《夺魂索》被阿尔

1　即感应性精神病、感应性妄想性障碍，一种以系统妄想为突出表现的疾病。——编注

阿尔弗雷德·希区柯克

弗雷德·希区柯克拍成电影，该影片中的许多元素都是从利奥波德和勒布案件中借鉴来的。故事描述了两名早熟而且空虚的学生与他们的前任舍监、现在的出版人（由詹姆斯·斯图尔特饰演）之间玩的猫和老鼠游戏。这两名学生谋杀了另外一名学生，以展示他们有卓越的能力欺骗社会，他们把尸体藏在他们给死者家人和朋友们举办自助晚餐的大箱子里。鲁伯特·卡德尔（由斯图尔特饰演）和这两个男孩一起吃饭，逐渐发现他们就是杀人凶手。希区柯克一定是对利奥波德和勒布案着了迷，因为他在1950年又拍摄了一部主题相似的电影——《火车怪客》。

近年来，温文尔雅、受过良好教育的连环杀手泰德·邦迪上演了一出相似的利用边缘政策的游戏，企图蒙蔽当局。邦迪于1989年被处以电刑，他从未彻底承认过他所犯的罪行，但警方估计他杀害了20至40名女性。这些受害者都是年轻女性，几乎都是来自中产阶级或上层社会的大学生。毫无疑问，他的杀人动机与性有关，有人认为他中下阶层的家庭背景决定了他的立场和处境。童年时期，邦迪表现出对他的社会地位深感焦虑。在他被囚禁期间，对他进行的精神病学研究表明，他行为中的一个主要动机是希望被捕，以便进行审判，这样他就有机会面对或欺骗权威人士。在案件审理过程中，他担当自己的律师，表现出一副漫不经心的样子。一份精神病学报告表明，如何操纵权威人士一直深深困扰着他，他把这看作一场恐怖电影，并没有意识到要为自己的所作所为付出生命的代价。邦迪是一个虚张声势、狂妄自大的自恋狂，他实施杀人行为，渴望成名，以便向公众炫耀他的自我价值感。

我们可以在埃利奥特·莱顿的著作中找到比较完整的关于连环杀手杀人是为了取乐或者赢得名声这一论点的文章。[1]他声称，以医学或精神病学的模式将连环杀手刻画成疯子是一种有限的认知，甚至容易令人产生误解。相反，他认为，连环杀手经常试图冲破日常生活中令他们备受困扰的束缚。他们长期遭受成就饥渴的困扰，渴望通过一时的突发性攻击获得满足，同时幻想着被捕时在全球范围内获得一种认可。

莱顿注意到了杰克·卡茨的一个观点，即杀人行为通常被看成一种"正义的"行为，他认为，杀人行为通常被认作一种胜利或成就。资本主义文化宣扬侵略，谴责情感压抑。《好家伙》《非常嫌疑犯》《兰博》《致命武器》《虎胆龙威》系列等影片，《纽约重案组》《摩斯警长》《警务风云》等电

---

1 参见埃利奥特·莱顿著《猎人者》（又译《极速恐惧》）（多伦多，1995）。——原注

视剧，以及一些犯罪小说，通过将现代社会描绘成一场所有人对所有人的战争来驳斥霍布斯的契约理论。它们是一种社会秩序的表现，其中基本的文化标准就是竞争性的个人主义、对成就的偏执以及热衷于被人赞许。莱顿指出，对名流地位的渴望，是现代社会中谋杀行为的一个强有力的动机。

当然，它很少是唯一的动机或主要的动机。莱顿的社会学理论强调贪得无厌的文化的变异是合理的。但是精神病专家认为，由于对认同感的渴望而产生不可控的、强烈的杀人欲望，在精神病理学中是缺乏安全感和丧失自尊的症状。在这样的情况中，病因往往是家庭的不幸和相对剥夺。正是这种家庭背景或经济地位，促使他们希望通过非法手段来获得认同感，使自己得到补偿。以大卫·科普兰为例，据在对他的审判中的报道，他在青春期就曾因他的同性恋家人而受到别人的嘲笑，这可能引发了他对同性恋的憎恶之情。这一论断与将名流文化视为杀人动机的理论并不矛盾。相反，它肯定了成为名流是流行文化中一个普遍的理想目标，将某些类型的杀人行为和人格畸形与有致病原的家庭联系起来。

许多被宣判有罪的杀人凶手承认，他们将杀人视为一种成名的手段。1957年至1958年短短一年的时间里，查尔斯·斯塔克韦瑟共杀害了11人。在案件的审理过程中，他拒绝提供证实自己患有精神病的证据，因为他相信人们不会记住一个神志不正常的连环杀手。斯塔克韦瑟认同银幕上的反叛者詹姆斯·迪恩的观点，将自己的杀人行为视为对社会的报复，他认为，在这样一个社会里，他几乎没有机会通过合法的手段出名。十几年后，亚瑟·布雷默枪杀了阿拉巴马州州长乔治·华莱士。亚瑟在自白中承认，他做出这一举动完全是为了出名，他还担心华莱士的知名度是否足以让媒体在他梦寐以求的黄金时间报道这起案件。杀害约翰·列侬的凶手马克·大卫·查普曼在接受美国电视台记者芭芭拉·沃尔特斯采访时说："我以为杀了他就能变得像他那样出名了……以前我是个无名小卒，但现在我因杀死世界上最著名的人物而一举成名。"

有趣的是，媒体经常满足杀人者对成名的渴望。例如，1977年加里·吉尔摩被执行死刑，在此前的一年里，美国刚刚重新修订了死刑制度，加里成为十年来第一个执行死刑的罪犯。在行刑前的十四个月里，他拒绝司法帮助，放弃将死刑减为终身监禁的机会，并且操纵媒体对此大肆宣传。在一批自由派律师的要求下，联邦法官同意对他的死刑缓期执行，但他成功地拒绝了他们的好意。加里维护了自己被执行死刑的权利，这一举动使他成了世界名人。诺曼·梅勒以此案件

1.汤米·李·琼斯

2.罗珊娜·阿奎特

3.诺曼·梅勒

为题材，创作了长篇小说《刽子手之歌》。后来这部小说又被改编为电影，由汤米·李·琼斯和罗珊娜·阿奎特主演。

梅勒还与1981年杀人犯杰克·亨利·阿博特假释出狱有关。阿博特曾经致信梅勒，阐述了自己对犯罪和监狱生活的感受。梅勒觉得这些信件颇具文学价值，他还写了一篇文章称赞这些信件。这篇评论文章与其中的一封样信一起发表在《纽约书评》上。因为这篇文章的影响，兰登书屋付给阿博特1.2万美元的稿酬预付款，购买他一本书的版权。这份图书合同、来自梅勒和兰登书屋的支持，说服了假释委员会释放阿博特。《在野兽腹中》出版之后不久，阿博特便得到了曼哈顿文学精英的普遍赞誉。《走到那里》——后来被改编成一部讽刺名人的影片，由彼得·塞勒斯主演——一书的作者杰西·科辛斯基和梅勒都对阿博特的文学天赋大加赞赏。最后，这本书的精装本销售了4万多册，估计为作者创利50万美元。然而，就在阿博特被从犹他州监狱释放出来一个月之后，他在纽约一家餐馆内因使用洗手间与一名侍者发生冲突，用刀将其刺伤了。他逃跑了，两个半月之后被逮捕归案。他再次受审并被宣判有罪。和吉尔摩一样，阿博特也成了世界名人。有人认为阿博特是一个饱受折磨的天才，他成年后的大部分时间是在监狱里度过的。在此期间，他的羞耻感被当局毁坏，他是一个值得怜悯的牺牲品。也有人将他视为变态的骗子，他无情地利用了纽约文学界来满足他那难以抑制的杀人渴望。

媒体与臭名昭著的罪犯相勾结的另外一个有趣方面是媒体独家采访的发展。俄克拉何马州联邦大楼爆炸案的凶手蒂莫西·麦克维竟成了《新闻周刊》的封面人物，他充分利用采访为自己谋利。这次采访是他和他的律师联手实施的一项活动的一部分，目的就是缓解公众对他的憎恶。麦克维请求法庭允许他有选择地接受一个小时的电视采访，但是没有成功。他的选择对象名单上有美国广播公司的芭芭拉·沃尔特斯、戴安娜·索亚，美国全国广播公司的汤姆·布罗考，以及哥伦比亚广播公司的丹·拉瑟等。然而，法庭同意通过中央电视台向爆炸案中所有受害者家属转播对麦克维行刑的实况，这一做法或多或少地引起了一些争议。

麦克维并不是当代社会唯一将成名作为事业的罪犯。西奥多·卡钦斯基——所谓的"炸弹客"——曾向《纽约时报》下了最后通牒，要求发表他的声明，否则他会继续杀人。卡钦斯基非常注重自己的形象，关注细节的处理以提高他在公共文化中的重要性，以便他的名声以及他对不朽的要求能够得到正确的评价。在尼尔·盖布勒看来，无论是麦克维还是卡钦斯基，他们都表现得像一个明星在宣传一部新电影。[1]在向公众展示完他们的"成就"之后，他们渴望利用最重要的时间解释他们的"英雄"行为，并渴望得到豁免。

可以认为，英国人对个人主义的崇拜没有美国人那么强烈，因此臭名昭著的杀手在英国所享有的知名度也远没有在美国的高。但这并不是说英国人不受媒体对那些著名杀手的报道的影响，也不是说罪犯在英国能够克制自己，不以杀人的方式来获得公众的认可。

20世纪60年代，英国掀起了一股崇拜臭名昭著的克雷孪生兄弟的热潮。罗尼和雷吉的犯罪帝国以伦敦东区为基地。他们扮演工人阶级守护神的角色。他们的成长环境一直向他们灌输这样一种观念：犯罪和拳击是获取名誉和财富的捷径。这对孪生兄弟与伦敦的电影明星、流行歌手、运动员特别是拳击手建立起联系网络。他们将暴力和敲诈视为一种魅力，在自我意识中将自己神化了。他们一直保存着暴力犯罪以及赢得拳击比赛的剪报。罗尼·克雷一直幻想自己是芝加哥黑帮的硬汉，努力在衣着和举止上模仿这种形象。在伦敦东区，克雷兄弟在自己势力范围内的威信甚至超过了警察。他们是

---

1 参见尼尔·盖布勒著《生活：电影》。——原注

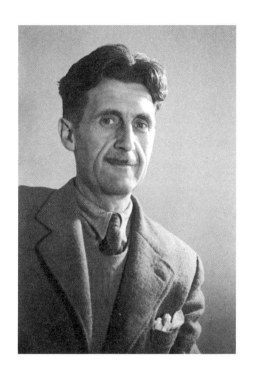

乔治·奥威尔

东区生活中传统情谊的象征。他们声称，他们将照顾老人、弱者和穷人。那时生活在东区的人普遍相信，在克雷兄弟的治理下，东区的大街小巷比以往任何时候都安全。当然，他们忽视了系统的暴力网络通过有计划的恐吓、威胁和袭击行为来控制他们的行为。

乔治·奥威尔写了一篇著名的关于英国谋杀案数量正在逐渐下滑的文章。[1]他认为国家的特点决定了英国传统的谋杀案不同于其他国家的。英国的谋杀案通常都是有预谋的，非常注重细节，其典型的动机也不外乎欲望和贪婪。杀人凶手通常是男性，杀害妻子的目的是和情妇在一起，或者是为了继承房产、存款、现金、股票，或者骗取保险赔偿金。奥威尔认为，在英国，通奸比谋杀更可耻。当然，这一观点看起来可能有些愚昧。寻找杀人凶手往往是个漫长的过程，并不是所有事情都会按照预先的设计发展。在奥威尔的理论中，如果所有这些细节都不发生错误，那么谋杀所具备的戏剧化和悲剧性的特征很可能使这一事件令人难以忘怀，或者使人产生一种对受害者和凶手的同情。在奥威尔看来，英国谋杀案的高发期在1850年至1925年。那一时期著名的杀人凶

1　参见乔治·奥威尔的随笔作品《英国谋杀案的减少及其他随笔》（伦敦，1965）。——原注

手有鲁吉利（Rugeley）的帕尔默医生、"开膛手"杰克、克里平医生、尼尔·克利姆、伊迪斯·汤普森、弗雷德里克·比沃特斯。

事实上，奥威尔聪明地借助这一观点批评了英国人的偏狭，以及在资产阶级中存在的不安全感和美国化倾向。他指出，英国的谋杀案受到了美国自发的暴力和追求即时满足感这种价值观的影响，有丧失自己特点的危险。他以那个时代所谓的"美人沟谋杀案（Cleft-Chin Murder）"为例，在这个例子中，一个美国逃兵与一个英国脱衣舞女显然是为了寻求刺激，于1944年10月在没有任何预先计划的情况下实施了袭击和谋杀行为。尽管英国新闻界对美国化倾向的威胁非常敏感，但是，当局并不希望在"二战"这一非常时期因为这一事件而破坏英美两国的关系。所以，杀人凶手被描述为在消费文化中追求高度即时满足感的非道德的产物。

奥威尔文章中的幽默感，明显地体现在他支持以传统的价值观来评判该谋杀行为上，这也表现出了他的孩子气。无论如何，他的这一论点已经被战后的趋势证明是错误的。无论在英国还是在美国，单纯为了"取乐"而发生的谋杀都是非常罕见的。

同样，分别由迈克尔·瑞安、托马斯·汉米尔顿和大卫·科普兰等人策划的发生在亨格福德（1987）、邓布兰（1996）和索霍（1999）等地的惨案中，凶手不断地向许多不知名的受害者下毒手，这些现象不时地引起道德恐慌，媒体声称当代文化正滑向一个完全无政府、非道德的阶段。然而，从统计数据来看，在繁多的谋杀模式中，它们还是可以忽略不计的。大多数谋杀案的受害者和杀人凶手之间都有血缘关系或姻亲关系。但是，莱顿坚持认为，连环谋杀案的数量正在增加，而名流文化在这个增加的趋势中起了非常重要的作用。现代社会中的一类凶手杀人是为了赢得公众的认可并且追求臭名昭著的名声。

当然，由此得出推论——所有谋杀案和连环杀人案都可以解释为凶手作案是为了寻求臭名昭著的名声，那就大错特错了。这种观点只是有助于我们多角度地理解当代凶杀案中的一个明显特征。这一主张的重要性在于，它暗示了，在某些情况下，成就饥渴被认为是无法克服的，追求臭名昭著可能会被用作一种获得公众认可的策略。此外，臭名昭著也可以被定义为"不受欢迎的名人"。它证实了罪犯生活中存在成就饥渴，他们希望获得公众的认可，即使结果是臭名昭著，他们也在所不惜。对某些人来说，臭名昭著是令人垂涎不已的，因为它可能会快速地让他们得到公众的认可和名声。

反英雄

The Anti-Hero

追求臭名昭著并不意味着追求自我扩张。获得不好的名声可以被当作一种揭露社会中令人不满意事件的策略。这往往是西方文化中反英雄的动机。反英雄缺乏传统的英雄特征，因为其真实的自我被社会污名化了，因此不会得到和传统英雄相同的奖励。这种污名化的出现，可能是因为个人在社会上处于较低的地位，或者是因为他所表达的价值观是社会所憎恶的。

马克·大卫·查普曼在枪杀列侬之后宣称，他的行为受到了杰罗姆·大卫·塞林格所作的流行小说《麦田里的守望者》（1951）的启发。半个世纪以来，书中对一个美国反英雄形象引人入胜的描写深受广大读者尤其是青少年的喜爱。毫无疑问，塞林格本人坚持的隐居生活增强了这部小说的神秘感。他发表的其他作品并不多，而且严格维护个人隐私的规范，以禁止媒体公布他本人的照片，避免在公众面前亮相，并且极力压制发布有报道价值的消息。塞林格与那些极力宣传自己的作家恰恰相反。其他的一些流行小说家如约翰·厄普代克、索尔·贝娄、萨尔曼·拉什迪、菲利普·罗斯、珍妮特·温特森、马丁·艾米斯、彼得·凯里、汤姆·沃尔夫和杰伊·麦金纳尼等人都通过频繁地参加访谈、座谈会、谈话节目、签名会以及义务公共阅读等活动来宣传他们的作品。相比之下，塞林格总是远离那些宣传机器，他更喜欢让自己的作品为自己说话。

《麦田里的守望者》中的主角霍尔顿·考尔菲德，是战后文学中典型的虚构的反英雄形象。他与上流社会的价值观格格不入。他认为他们是虚伪的。他们服从于社会责任机械性的要求，而不是必需的真实情感。就像 T. S. 艾略特在《空心人》（1925）中所描述的，社会是由一群"空心""被草填充的"人依靠在一起组成的，"脑壳里填满稻草"。塞林格的小说赞扬了诚实，甚至不惜以破坏社会和文化秩序为代价。如果说《麦田里的守望者》是对反英雄形象最强有力的虚构处理之一，就会有人大胆地提出，塞林格对名流文化的排斥使他成为当代小说家中反英雄形象的主要化身。

在小说《飞跃疯人院》（1962）中，肯·凯西刻画了另一

1.索尔·贝娄   4.肯·凯西

2.杰伊·麦金纳尼   5.马丁·艾米斯

3.杰罗姆·大卫·塞林格   6.菲利普·罗斯

个似先知的反英雄形象兰德尔·P.麦克墨菲。在20世纪60年代的叛逆文化以及反精神病学运动中，这个精神病院中的反叛者形象广受赞誉。麦克墨菲和独裁护士拉契特之间的冲突，巧妙地使理性组织的非理性结果戏剧化了。小说中的麦克墨菲是一个被困在疯狂且极端无情的系统中的神志正常的反叛者。（1975年杰克·尼科尔森在米洛斯·福尔曼指导的影片中塑造的麦克墨菲，被公认为电影界最成功的叛逆者形象之一。）

市场社会对成就的回报是尊重和财富。但是，就像马克思、韦伯和弗洛伊德所阐述的那样，如果这些价值最终都是虚幻的，那么理想、信念以及对资本主义文化的梦想也就必然是虚幻的东西。反英雄可能会被认为是将统治着高尚文化的准则和道德规范都视为虚幻之物的个体，而暴力通常是反英雄们用来打破虚幻的权力结构的手段。《出租车司机》（1976）是一部抨击20世纪70年代纽约价值观的电影，罗伯特·德尼罗扮演的男主角特拉维斯·比克尔认为自己是这个满是麻木、贪婪的寄生虫的城市中唯一敏感而高尚的人。特拉维斯·比克尔选择挽救雏妓（由朱迪·福斯特扮演），一举消灭了拉皮条团伙和残害妓女的骗子，以努力地挽救道德。电影史学家大卫·汤姆森将德尼罗留着莫希干人发型、腰束手枪和匕首的扮相比作"被鞭笞的圣徒"。这部影片最后的十五分钟显然是全剧的高潮部分，特拉维斯通过正义的疯狂杀戮，彻底消灭了妓院经理和皮条客。但正如汤姆森所指出的，在影片的最后，当特拉维斯从异常激烈的战斗中全身而退，成为一个英雄时，汽车的后视镜中反映出来的仍然是他忧心忡忡的面容，这一表象是个不祥的预兆。[1]这个反英雄发动了一场命中注定会失败的拯救社会的战争，因为这个社会已经转而追求即时满足、享乐主义和财富。这种反抗最终是无用的。对本真的追求是向被无休止的商业主义和制造人为刺激的消费文化所吞没的道德世界展示的一种姿态。

反英雄的主题在好莱坞影片中反复出现。其他反映这一主题的著名影片包括由詹姆斯·迪恩担纲主演的《无因的反叛》（1955）、马龙·白兰度主演的《飞车党》（1953）、沃伦·比蒂主演的《邦妮和克莱德》（1967）以及阿尔·帕西诺主演的《冲突》（1973）。克林特·伊斯特伍德曾在一系列成功的西部片中扮演过这种典型的形象——《荒野大镖客》（1964）、《黄金三镖客》（1966）、《荒野浪子》（1973）、《不法之徒迈·韦尔斯》（1976）和《不可饶恕》（1992）等。反英雄这一概念与正义的杀戮密切相关。

1　参见 D. 汤姆森著《电影人物传略辞典》（*A Biographical Dictionary of Film*，伦敦，1994）。——原注

正义
的
杀戮

Righteous Slaughter

"谋杀是一种充满激情的牺牲行为，借此展示一种或另一种形式的'善'"，杰克·卡茨在对这一观点进行论证的时候，从美学领域借鉴了"正义的杀戮"这一概念，并将其运用在具体的社会关系中。[1]卡茨认为，对理性的正义的诉求通常是暴力犯罪的动机之一。这一观点经常被媒体报道和公众认知所忽视，他们更侧重于将暴力行为视为漫无目的的疯狂举动。在卡茨的理论中，凶手杀人一般是有杀人动机的，他们通常将自己塑造成反英雄的形象，为自己所感知的耻辱和不公正进行报复。

埃利奥特·莱顿在此基础上又增添了一种新的观点，他认为致多人死亡的杀人犯和连环杀手试图通过正义的杀戮来

1　参见杰克·卡茨著《犯罪的诱惑》。——原注

提升知名度。媒体通常将这类杀戮渲染得恢宏且具电影风格。这可能也是行凶者惯有思维的一部分。正像对大卫·科普兰和泰德·邦迪的讨论所展现出来的那样，凶手认为他们在自己的电影中扮演着主角，他们总是希望被抓获，这样就可以获得公众地位，在公众面前检验自尊感。

反英雄神话的一部分是其所坚持的价值观与普通社会格格不入，因此他们无法与其他人进行交流或被人理解。既然这个社会被认为是空虚的信仰、信念和习惯的牺牲品，那么对于反英雄来说，唯一的选择就是成为一个偷猎者。此外，即便偷猎的本能可以得到满足，也无法保证能得到公众的认可。当反英雄认为正义的杀戮行为会被视为"病态"或"无意义"的时候，自杀可能会成为其第一选择。在一些案例中，致多人死亡的杀手或连环杀手可能会选择自杀作为最后的结局。亨格福德谋杀案的凶手迈克尔·瑞安以及邓布兰一案中的凶手托马斯·汉米尔顿都是如此。另一方面，潜在的致多人死亡的杀人犯或连环杀手可能会认为自杀比被错误地认知更可取。杀手将自己看作带有悲剧色彩的反英雄，他们因感受到的羞辱和不公正而实施的正义报复将注定被社会所误解。

莱顿认为，致多人死亡的凶手马克·詹姆斯·罗伯特·埃塞克斯就属于这种情况。根据当时的报道，埃塞克斯是个不能适应社会的人，他独自一人发起了对新奥尔良的战争，制造了长达八天的混乱局面。这一事实看起来并不简单。从新年前夜到1974年1月7日这八天时间里，埃塞克斯开枪打死了10人，打伤23人，造成数百万美元的财产损失。埃塞克斯对所有受害者一无所知，看起来他是随意选择目标的。这些杀人事件并不涉及偷盗和强奸。对于白人主导的媒体来说，埃塞克斯是典型的神经错乱的杀人犯。然而，正如莱顿所阐述的那样，如果认真地考虑这些事实，就会得出一个截然不同、似乎更为合理的解释。

第一，在杀戮的背后隐藏着一个清晰、明确的种族层面的动机。埃塞克斯是一个黑人。诚然，他在杀人狂欢中错杀了一个黑人，但是他的目标是白人。

第二，与滥杀无辜的凶手不同，埃塞克斯的目标是职权人物或职权部门。他的第一个目标是新奥尔良警察局的中心监狱。他在城市的仓库里放了一把火，目的是将警察引到一个开阔地带。这一举措失败后，他闯入城市商业区的一家旅馆，向白人保安开枪，打死一人，点燃了十八楼的一个房间。大火将消防队员和警察引到了案发地点。最后来自路易斯安那、得克萨斯、密西西比等州的600多名警察以及联邦调查局和军方人士也赶往现场。

第三，埃塞克斯的最后一个关键立场表明，他有意地制造了一起值得全国乃至全世界报道的事件。他在故意寻求面对一种不可能性。这并不是一场战争，而是在公众面前表演的一种自杀行为。埃塞克斯显然认为他的谋杀和自杀行为具有超凡的象征意义。他杀人，并且被杀，就是为了说明这一点。

埃塞克斯的童年生活中没有任何迹象表明他长大以后会成为一个致多人死亡的杀人狂。根据莱顿的描述，他在成长过程中所受的教育都是"深思熟虑""积极进取""非暴力""非种族主义"的。他父亲在一家小型的家庭公司里做领班，一直鼓励他的孩子要有向上的动力。然而，在埃塞克斯的一生中，很多事情像是命中注定的。1969年，他志愿加入美国海军，目的是逃避越南战争的征兵。在刚刚开始的训练中，他就崭露头角，被认为是一个优秀的新兵。最后他选择接受牙科技师的训练，他再一次获得了成功，主管夸赞他大有前途。埃塞克斯的梦想是成为一名职业牙医。

埃塞克斯被迫塑造的公众面孔实际上掩盖了他深受伤害的真实自我。他受到了种族歧视，而种族歧视就像一根导火索，时刻都可能引燃他内心深处的耻辱感和被迫害感。他感到压抑，所以他做出了反抗。他在一次辩论中打了一个白人海军士官。他被军事法庭传唤，但因为没有假期而缺席庭审，最后他还是主动到庭受审。莱顿认为，这是一场令人窒息、噩梦般的庭审。埃塞克斯被判犯有种族骚扰罪，罚没两个月的薪水，被禁闭在军营里，降到低收入等级。不久，他被建议申请离职，理由是他已不适合继续在海军服役。

此后，至少在短时间内，埃塞克斯成了一个神秘的人。他离开了海军，很显然为他自己离开的原因感到耻辱。人们只知道他回到了家人身边，偶尔去新奥尔良和纽约进行神秘之旅，他对这些神秘之旅的解释是去探访海军老战友。他开始收集有关黑人革命的文章。警方报告指出，他与黑豹党的活动以及好战的黑人流氓团伙保持着联系，这些人成了他的"重要他人"。渐渐地，他将自己视为一个种族斗士。埃塞克斯越来越热衷于自己的想法，他一直渴望在社会中施展自己的才华并取得成就，但在现实中事与愿违，于是他将自己与社会隔离开来。他因自己的遭遇而愤恨，起初这种愤怒尚处于亚临床状态，但慢慢地变成了一种他无法抗拒的致命冲动。他认为，他被海军开除和当前他所面临的边缘化的困境，都是根深蒂固的白人种族主义造成的，他的这种想法也并非全无道理。

自我沉溺和愤怒，常常会导出这样的结论：真实的自我是导致自己遭受成就饥渴的元凶。真实自我的本质不能完全被他人所认识，因此有些人认为真实的自我在某种程度上是无价值的。这也就合理地解释了，要么真实的自我对这个世界来说太过善良，要么就是现实中与他人的沟通是不可能实现的。在这些情况下，愤怒内化，使人最终做出自我毁灭的决定，也即杜尔凯姆所称的著名的"利己型自杀"。

埃塞克斯是个严肃而敏感的青年。在他离开海军与枪击事件之间，许多行为特征都暗示着他有自杀倾向。他孤独无助，情绪低落，因为自己没有成就而苦恼。然而，他并不认为这是存在于真实自我中的固有缺点，在他看来，这一切都是白人胁迫造成的结果。直到1974年，埃塞克斯一直处于被白人统治这一令人不快的心理环境中。能使他摆脱当前处境的向上流动之路似乎已经对他关闭了。不管怎样，到了1974年，他得出这样一个结论，即做一个努力向上流动的黑人并不能解决任何问题，只能带来麻烦。他开始关注如何唤醒懒散的黑人，特别是，他决定在社会抗议活动和种族刺激行动中大肆渲染他个人的耻辱和堕落。从这个角度看，他的死可以理解为"利他型自杀"，即为了集体利益而牺牲自己。面对全副武装、令人压抑的白人政府的国家机器，埃塞克斯相信，只有通过牺牲自己的方式，才能向白人统治下的无情社会发起挑战。他临终前极力让公众了解他的想法，这就暗示了他想通过死亡换取公众的认可。但这种认可只针对被压迫的广大黑人，而不是对他个人认知的强化。

在丹佛郊区利特尔顿的科伦拜恩高中校园发生的枪击案，也是一个相似的例子。1999年4月20日，18岁的埃里克·哈里斯和17岁的迪伦·克莱伯德枪杀了12名学生和一名教师，打伤23人，而后双双自杀。他们没有留下任何遗言或解释。两个学生都来自稳定而且相当富裕的家庭。除因闯入他人的汽车而被判缓刑一年，他们没有其他暴力或犯罪行为的纪录。在缓刑期间，律师对他们的智力和真诚给予了积极的评价。起初，他们实施大屠杀的原因看起来是个谜。

据警方调查，这两个学生都是学校里一个名叫"短衣黑手党"的亚文化组织的成员。他们宣扬一种称为"黑浪"的风格，表现为喜欢右翼音乐，迷恋死亡，偏爱黑色的葬礼服、白色基调的化妆以及墨黑的唇膏等。哈里斯和克莱伯德都迷恋泰克诺音乐（狂欢活动中的电子音乐）和德国重金属乐队"德国战车"，有人谴责这支乐队演唱的歌词中含有新纳粹主义价值观。两人还喜欢"螺丝刀（Skrewdriver）"乐队、"剃刀边缘（Razors Edge）"乐队、"北欧雷声（Nordic Thunder）"

乐队、"残忍的打击（Brutal Attack）"乐队和"加重的袭击（Aggravated Assault）"乐队等创作的摇滚乐，他们的歌曲被批评为鼓吹白人至上、煽动暴力和种族仇恨。此外，和"短衣黑手党"组织的其他成员一样，哈里斯和克莱伯德因暴露出对纳粹的不正常兴趣而遭到了同学们的奚落。媒体报道指出，4月20日大屠杀当天，正是希特勒诞生之日。

嘲笑和奚落"短衣黑手党"组织的一般都是学校运动队成员。据大屠杀的目击者称，两个枪手向许多学生询问他们是否是运动队成员，以决定是否杀死他们。媒体推测，这次屠杀很可能是对主流社会价值观的一次报复。

埃里克·哈里斯的网站使用了"Rebdomine"[1]这个名字，展示出他已经被主流社会远远隔离了。这个网站充斥着魔鬼、枪支和骷髅堆的图片。他的一首诗很明显地大段描绘了他对"黑浪"的幻想，暗示着他对"正常"文化的深刻反抗：

　　　我来了，来撼动你的世界

　　　我来了，来动摇你的信仰

　　　可恶的基督的敌人

1　Rebdomine中的"Reb"为"rebel"的简写，意即反叛，"domine"意为神，故此名有"反叛神"之意。——编注

我来重新夺回我的位置

我是你的无意识

我是无限制的超越

永不停息

我总是让你无法预见

我是你的启示录

我是你最初的信仰

是主宰世界的神

我是上帝的私生子

冲击波

强有力的攻击

核爆炸

笨蛋回来了

无秩序的恐怖

没有反抗

远处的爆炸声

现在的启示录

如墙的火焰

滚滚浓烟

谁将去谴责

由钢炼制成的

铜铁般的意志

头脑中的垃圾

为杀人而生

所有人都是平等的

没有歧视

笨蛋

一个简单的方程式

笨蛋

这是命中注定

不向上帝、帝国或国家弯腰

小心

笨蛋

超级英雄1号

如果你不喜欢，那么……

你知道该怎么做

这里的一切我都不喜欢

但是对这首诗进行过多解读，也许有事后诸葛亮之嫌。大卫·科普兰也曾梦想着英国社会发生灾难性的变化。许多年轻人在步入成人社会的过程中都会遇到困难，其中大多数人会像他们的父母那样克服这些障碍。

是什么因素使哈里斯、克莱伯德和科普兰无法采取措施跨过这些障碍，当然是个关键性的问题。"埃里克和迪伦的眼泪"这个颇有勇气的网站并没有将这两个凶手妖魔化，而是把他们描述为深陷于痛苦之中的"聪明""有趣""被误判""被误解"的少年。这个网站呼吁人们了解学校中存在的骚扰和老师对学生的误解，它让我们看到，哈里斯和克莱伯德是社会的牺牲品，而不是没有头脑的杀人凶手。

但是，不用说，除了大规模的屠杀行为，还有其他方法来抗议学校中的骚扰。科伦拜恩惨案的风格，凶手们疯狂的杀戮以及深藏在学校地下的爆炸性装置网络，都表明哈里斯和克莱伯德想制造一起轰动全球的暴力事件。他们扮演了出离愤怒的行凶者角色。《超现实主义第二宣言》，现代美学理论中最巧妙的表达之一，宣称"最简单的超现实主义行为是手拿左轮手枪冲到街上，漫无目标地向行人射击"。[1]哈里斯和克莱伯德可能了解超现实主义的审美理论，但他们不是

1　参见 S. 科恩和 L. 泰勒著《越轨企图》（*Escape Attempts*，伦敦，1976）。——原注

萨尔瓦多·达利

安德烈·布勒东[1]、萨尔瓦多·达利[2]和特里斯坦·查拉[3]的信徒。他们理解壮观场面的价值，作为福克兰战争（马岛战争）期间出生的婴儿，他们对全球战事的最早认知就是海湾战争（1991），此战争中使用的"聪明炸弹"似乎能通过杀戮使人从痛苦中脱离。他们杀人并不仅仅因为他们是社会的牺牲品，还因为他们渴望通过极端的暴力行为一举成为世界名人。"埃里克和迪伦的眼泪"这个网站确实成功地指出了这两个凶手的脆弱。因为受到了太多的威胁，又是在一种赞扬正义报复的文化中成长起来的，他们容易受到白人至上主义以及反英雄的正义报复的影响。作为男性，他们很难向资深的辅导员或心理治疗师寻求帮助，展露自己的弱点。相反，他们同其他人分享挫折，通过暴力犯罪行为将他们的痛苦转化为成名的动力。

因此，犯罪是一条经过考验的获取恶名的途径。它能够使那些饱受成就饥渴之苦的人获得媒体的认可和公共地位，并且强化个性。从反英雄的立场出发，臭名昭著是一个合理的目标，因为主流社会价值观因被视为虚幻之物而被拒之门

1　法国超现实主义诗人兼作家。——译注

2　西班牙超现实主义画家。——译注

3　罗马尼亚艺术家。——译注

外了。

　　人们普遍认为连环凶杀案和大屠杀事件的发生率正在上升。在成就饥渴普遍存在和成就文化非常突出的社会环境下，我们可能会假设存在一种基本原理，即臭名昭著成为一种越来越常见的获得公众认可的途径。在某种程度上，大众媒体在这一过程中串通一气，将假事件和类名流作为值得公众关注的对象来呈现。当个人无法通过合法途径获得成就时，一些人就会倾向于通过非法途径获得公众的认可。

　　有一种观点认为，社会对正义的报复所持的态度非常暧昧。的确，所有形式的社会都会谴责杀人凶手。同时，西方法律在判断个人的犯罪行为时会考虑到外界对其的刺激或其不稳定的精神状态，会认可减轻刑罚这一概念。1843年，英格兰和威尔士确立了《麦克诺顿规则》(McNaughton Rules)，将精神错乱视为审理杀人案过程中的合理辩护理由。丹尼尔·麦克诺顿因谋杀首相罗伯特·皮尔的私人秘书爱德华·德拉蒙德而受审，当时他将爱德华幻想成了首相本人。鉴于麦克诺顿当时的精神状况，他被当庭释放。由此，"减轻刑事责任"这一概念被加入了英国的律法。减轻刑事责任，即社会将被证实的精神疾病视为在审判过程中一种合法的辩护理由。当然，在反英雄眼中，社会的这一立场是无关紧要的，因为暴力行为的目的是揭露占统治地位的社会价值的虚幻特征，从而得到公众的认可。然而，在法律上接受减轻罪状的情况和减轻刑事责任这两个概念，实际上支持了这样一种假设，即正义的报复在揭示犯罪根源的过程中具有重大的文化意义。因为它认为，在对暴力犯罪进行责难之前，必须考虑到罪犯在实施犯罪行为时的精神状况和情感状况。当然，导致人们实施杀人行为的原因仍然是精确的生物化学、心理学和社会学等诸多因素交织的问题。但是，当代社会的文化是考虑减轻刑事责任的一个合理因素。

支持莱顿论点的证据是不能使人信服的。他认为成就饥渴的情况和正义报复的文化使人们倾向于利用暴力犯罪获得恶名。这种论断可能在一定时间内能够站住脚。从另一方面来看，成就饥渴并不是自动地或普遍地导致这种结果。进一步来说，在大屠杀事件和连环杀人案中，成就饥渴是凶手杀人行为中一个看似合理的原因，这种情况是极少见的。但这并不会削弱成就饥渴在塑造日常行为过程中的象征意义。因在工作和家庭关系中缺乏认可而产生受挫甚至愤恨的情感，在当代社会中屡见不鲜。然而，比较而言，由此产生的认知上的失调很少会导致自杀或对他人的侵害。

相反，正义的报复这一概念经常是对杀人行为最突出的辩护理由。与《猛龙怪客》(1974)、《出租车司机》和《虎胆龙威》等一系列好莱坞影片相关的正义报复文化支持诉诸非法手段来获得公众的认可这一倾向，这种观点是站得住脚的。然而，人们必须记住，"谋杀权"是一个牵强的动机，在它被法律认可之前，要求有医学、心理学和社会学方面的详细阐述。

迪兹·吉莱斯皮　　　　　　　　　迈尔斯·戴维斯

恶名
的
魅力

The Charm of Notoriety

在波西米亚文化中，恶名和越轨之间的联系一直备受重视，并得到了深入的探讨。欧文·戈夫曼虽然注意到不受欢迎的名人通常会被污名化，但他仍然认为反叛可以发展成为一种获得社会地位的积极的人生策略。[1]他认识到，拒绝接受社会秩序的人拥有社会声望，这一现象在波西米亚地区尤为明显。他列举了罪犯、爵士乐手、演艺人员和全职赌徒作为例证。

为什么这类人会拥有受人尊敬的社会地位呢？社会越轨是指超越规范一般社会互动的角色界限，常常涉及违法行为，对自己或他人造成精神上或身体上的伤害。迈尔斯·戴维斯在他的自传中，回忆了他在少年时期对迪兹·吉莱斯皮

1　参见欧文·戈夫曼著《互动仪式》。——原注

和查理·帕克等爵士乐手的狂热迷恋。后来戴维斯成了一个吸食海洛因的瘾君子，他被波西米亚爵士乐中放荡不羁的生活方式所吸引，沉迷于自由、毒品和随便的性生活。然而，使他选择爵士乐手生活方式的原因是在公众面前表演时社会地位的转变。正如他在对查理·帕克的描写中所写的："自'大鸟'[1]将号角放入口中的那一刻起，他改变了一切……他从一个实际上落魄潦倒的人变成了一个拥有力量、魅力非凡的人。在他演奏时发生的这种变化是惊人的。"[2]这种超越自我的能力，超越规范日常社会生活中的角色表现的常规束缚和责任的能力，具有极大的诱惑力。酗酒和吸毒是表现越轨常用的方式。戴维斯指出，舞台上的帕克经常是醉醺醺、飘飘欲仙的。这个成为瘾君子的天才将酒精和毒品视为逃避日常社会关系束缚的一种方式，这也是浪漫主义文化的主旨。但是，在日常社会生活中，人们对文化越轨者的评价是毁誉参半的，因为他们拒绝接受普遍的社会价值观，认为这种价值观在社会形态的培养、通过酗酒和吸毒改变状态的试验上过度限制。

1　原文为"Bird"，是查理·帕克的绰号。——译注

2　参见迈尔斯·戴维斯著《迈尔斯·戴维斯自传》（伦敦，1989）。——原注

萨德侯爵是启蒙运动时期一个著名的颓废人物。他是一个沉迷于纵欲的贵族，因性暴力而臭名昭著。19世纪德国著名的精神病学家理查德·克拉夫特－埃宾发明的"性施虐狂（sadism）"一词，即源于萨德侯爵，用来描述通过折磨他人而获得性快感的人。也许将萨德侯爵仅仅认作性施虐狂是错误的，因为受虐在他的性生活中也同样重要。不管怎样，他反对法国大革命所要求的标准化、人格与实践的平等化。萨德臭名昭著不仅在于他是一个性欲不正常者，还在于他是一个反抗官僚社会的反英雄。

　　拜伦也得到了类似的名声，他是一个极具反叛性的浪荡公子，但他从来不像萨德侯爵那样好色、触犯法律。他之所以臭名昭著，是因为他一生都伴随嫖娼、通奸、乱伦、鸡奸等丑闻。然而，他因鞭挞高尚社会和在希腊独立战争中牺牲而成为传奇人物。拜伦的恶名被认为是对文明社会的威胁，因此，在他死后，他的出版商约翰·默里亲手焚毁了两卷已经装订好的拜伦生前亲笔创作的回忆录手稿。

　　拜伦和萨德都是贵族，他们生来就享有一定的社会地位。他们因道德上和文化上的越轨行为而臭名昭著，他们后天所获得的恶名要远远大于他们与生俱来的名声。公众并不认为这两个人是阶级斗士。他们因特立独行而闻名于世，他们的作品和生活方式都反映了对公共道德的谴责。19世纪，成名的机会增加了。随着美学、性和政治上挑战主流公共道德秩序的越轨者越来越多，赢得恶名的文化也在扩张。

以波德莱尔为例，他是一个著名的波西米亚式的浪荡公子。他将自己的头发染成绿色，声称自己拥有一本装订在人体皮肤上的书，装成一个专吃婴儿的食人兽。他在日记中承认，他以贵族的痛苦为乐。《恶之花》在1857年出版之初即被没收，波德莱尔也因违反公共道德而被起诉。法庭认为这本书中有六首诗内容不健康，应删除。波德莱尔被罚300法郎。这次诉讼唯一的作用就是使波德莱尔获得了反英雄的恶名。有趣的是，他对用大麻或鸦片来激发艺术创作灵感的行为持批评态度。他相信，毒品虽然使人飘飘欲仙，但是贬低了人的想象力。他暗示柯勒律治和德·昆西吸食毒品后所创作的作品是艺术中的垃圾。然而，波德莱尔对毒品的敌意在一定程度上被他对苦艾酒的依赖掩盖了，奥斯卡·王尔德在流亡巴黎期间也是借苦艾酒消愁。

曾在爱德华时代臭名昭著的英国诗人、神秘学者、色情作品作者、海洛因依赖者阿莱斯利·克劳利，也受到一些认为传统道德和文化界线太过局限的人的崇拜。在"魔术"中，他试图将东方的神秘技术、金色黎明魔术以及性魔术与包容

1.阿莱斯利·克劳利

2.波德莱尔

3.露易丝·布鲁克斯

一切的"秘界谕旨（Law of Thelema）"结合起来。最后一个法则——秘界谕旨，建立在两个原则之上，这两个原则被认为是20世纪臭名昭著者信奉的基本原则："每个男人和女人都是明星"，"做你想做的一切就是这一法则的全部"。克劳利的"魔术"赋予每个男人和女人极大的重要性，授予他们质疑和违背道德和文化戒律的权利，他认为这些戒律过分地维持有限的社会形态。

总的来说，男人比女人更容易将越轨行为和培养恶名作为一种生活策略。众所周知，约瑟芬皇后在巴黎公开地与许多情人保持性关系，使拿破仑蒙受耻辱，制造了一系列性丑闻。最终，拿破仑与她离婚，尽管她从拿破仑那里得到了一定程度的情感上和经济上的支持，但她始终带着耻辱的烙印。

默片时代的电影明星露易丝·布鲁克斯是 F. 斯科特·菲茨杰拉德作品中描述的"爵士时代"的"新女性"或"新潮女郎"的代表。但是她无视电影制片厂的禁令，违背了沉默的大多数人的道德规范。她公开表明她在性安排方面的态度，不会做出长期的承诺。她相信"所有的男人都憎恨女人"，并且写道：

1.卡伦·芬利

2.杰西卡·兰格

3.弗兰西丝·法默

4.马塞尔·杜尚

5.詹姆斯·惠斯勒

早在少年时期，我就学会关注自己所做的，而不是自己所想的。我会对自己说，我不要醉酒，我不会和这个讨厌的家伙上床，我不会把香烟或化妆盒装在我的包里，因为我可能会醉酒后弄丢它们，我会在包里装一些无足轻重的东西。也许我会和某个对我有利的男人约会，我会竭尽妩媚、奉承之能事，使他变得堕落。[1]

布鲁克斯将行为和思想区分开来的做法，可能被看作早期女权主义人士的呐喊。男权社会向女性施加了巨大的压力，使她们的公众面孔与真实的自我分离开来。在女名流的案例中，真实的自我所承受的巨大压力使她们饱受人格分裂之苦。由于性别划分的社会责任，女名流与她们的真情实感分离，并且因公众对其公众面孔的期盼而觉得被孤立，其真实的自我可能会认为这种公众期待是粗鲁的，甚至是具有毁灭性的。在这样的压力下，女名流可能会拥有三重人格——真实的自我、男人眼中的战利品和公众面孔。

对布鲁克斯来说，随意的性生活可能是处理多重人格情感问题的一种方法。她的情人名单几乎和当时的男影星名单

---

[1]　参见 B. 帕里斯著《露易丝·布鲁克斯》（伦敦，1991）。——原注

一样长。不同的是，对男影星来说，随意的性生活只能说明他们对感情不够专一，而对布鲁克斯来说，她却成了一个为社会所不齿的道德败坏的人。好莱坞制片人轻视她的才能，毁了她的电影事业。于是她渐渐地陷入酗酒、贫穷和堕落的生活。直到生命中的最后几年，她才重新被影迷发现。

20世纪30年代末，弗兰西丝·法默继承了布鲁克斯的衣钵。从1936年到1941年，作为电影明星，她的公众面孔持续了六年。法默毕业于华盛顿大学，因出演霍华德·霍克斯的影片《夺妻记》（1936）而受到评论界的诸多好评，在霍克斯被解职之后，由威廉·惠勒继续执导完成了这部影片。此后她扮演了一些毫无特色的角色。事业上的平庸更加突出了她酗酒以及与男人滥交的恶习。法默的行为变得越来越不可预知、捉摸不定而且让人头痛。最后，她被送进收容院，实施了脑叶切除术。在女权主义电影圈，她被尊为那个年代的"兰德尔·P. 麦克墨菲"。20世纪50年代，她重新出现在几部电视电影中，但只是昙花一现。她逝世于1970年，享年56岁。杰西卡·兰格因在格雷姆·克利福德指导的电影《红伶劫》（*Frances*，1982）中成功地扮演法默而获得了奥斯卡最佳女主角奖提名。

恶名通常与审美文化的转变相关。当约翰·罗斯金观看了詹姆斯·惠斯勒的《夜曲》[1]之后，他中伤这位画家，说他"向公众脸上泼了一罐颜料"。他这是在维护他所信仰的传统的美术价值观，因为他认为惠斯勒的作品违背了这种价值观。惠斯勒以诽谤罪将罗斯金告上了法庭，但这一诽谤案的结果是他只获得了一枚硬币的赔偿金，诉讼费用则由他和罗斯金共同承担。这种嘲弄意味的判决反映了评审团的看法，他们认为，从艺术角度来看，惠斯勒指控罗斯金诽谤是无可厚非的，但与惠斯勒期待的相反的是，他们相信罗斯金的评价是正确的。这一事件动摇了美术价值观的权威性，引发了一场关于艺术本质的争论。

可以说，马塞尔·杜尚一生致力于研究"什么是艺术"。他的作品《下楼梯的裸女》被收入1913年的国际现代美术展，引起人们的怀疑和愤怒。这幅画看上去描绘的并不是人体，人们怀疑杜尚是在暴露立体派的贫乏。但这与杜尚在1917年独立艺术家协会展上引爆的愤怒相比，根本不算什么。当时杜尚化名"R.穆特"提交了一件名为《喷泉》的雕塑作品，这件作品其实就是贝德福德郡产的一个扁平的陶瓷小便池。在一定程度上，杜尚抨击了那些美术评论家古板的精英价值

1　全名为《泰晤士河上散落的烟火：黑和金的小夜曲》。——译注

1.加里·格兰特
2.罗伯特·梅普尔索普

观。但是他也强调了日常生活中无处不在审美化，这一观点被超现实主义者布勒东、达利和曼·雷接受并发展起来。这一主题一直延续到当代艺术创作中。罗伯特·梅普尔索普在摄影作品中对性和同性恋的直白表现、安德里斯·塞拉诺的作品《尿浸基督》《牛奶血》以及卡伦·芬利的"人体艺术"表演，都被批评为宣扬堕落。这样的作品向庄重和真实的含义提出了质疑，同时也反映出当代艺术家在塑造恶名方面所起的作用。

因此，恶名既可以使个人一举成名，又能够使文化改革获得公众的认可，两者通常被掺杂在一起。奥斯卡·王尔德对19世纪70年代至90年代新唯美主义运动的支持，显然也是一种宣传自己并将自己标榜为名流的方式。达利与20世纪二三十年代的超现实主义运动保持联系也是走了相似的路子。罗伯特·梅普尔索普和安德里斯·塞拉诺也是近期与此相关的例证。名流在恶名基础上建立起来的事业很难维持下去。个人承受的压力会导致愤怒的情绪接踵而来，于是产生收益递减的效应。

本章已经讨论过名流本质上是与越轨行为联系在一起的，原因有三：

第一，名流将自己与普通的社会生活区分开来。作为名流，就要与众不同。选择余地的扩大和生活方式的灵活性既具有吸引力，又是问题的症结所在。名流比普通人拥有更多的金钱、更多的财产、更多的性选择以及更多的社交机会，但他们总是抱怨自己受到限制，他们当中多数人都患有"成就幻想"综合征。

这就引出了第二点，名流是建立在公众面孔的基础上的，为了迎合公众的需要，名流必须改变真实的自我。加里·格兰特出生于布里斯托尔，原名阿奇·里奇。他经常处于公众面孔与真实自我的冲突之中。在他职业生涯的大部分时间里，格兰特的公众面孔中隐藏了对阿奇·里奇受辱的深切忧虑。正如他所说的，"在那些日子里我遇到了许多问题，但那都是阿奇·里奇的问题，不是加里·格兰特的"。[1]20世纪50年代末，格兰特决定吸食 LSD 可能就与缓解这些问题有关。当时，政府是允许人们接受 LSD 治疗的。据格兰特估计，他在三年时间里接受了大约100次 LSD 治疗。这种治疗看起来产生了一定的效果。格兰特认为它是协调他的公众面孔与真实自我的关系的催化剂。他回忆道："我一生中的大部分时间都是在阿奇·里奇和加里·格兰特相互转换中度过的，

---

[1] 参见 G. 麦卡恩著《加里·格兰特》（*Cary Grant*，伦敦，1996）。——原注

他们彼此怀疑，你无法信任其中任何一个。于是我开始将他们统一成一个人。统一带来了和平与放松。"[1]

第三，成名的渴望与有限的实现目标的方法之间的矛盾，在文化领域造成了一种倾向，即通过非法的手段来获得认可。很显然，并不是每个人都想成为名人。另一方面，名流所获得的荣誉显然具有很高的文化价值。民主文化必然是一种成就文化。从理论上讲，民主是在废除君主制的基础上建立起来的，它主张法律面前人人平等。通过公共教育和国家福利制度，民主为每个个体都提供了提升社会地位的机会。如果一个人确实有才能，那么他就拥有突出的地位。也许有人会问，名流对人们的吸引力的一部分，不亚于恶名的诱惑，果真存在于民主理论与实践之间的空白中吗？若真是如此，成名与获取恶名就是缺乏宗教信仰及民主文化的实践局限性的反映吗？正如我在本书开篇所提到的，名流文化诞生于平民时代。在公共文化中，对民主超越封建主义和共产主义的认同，催生了后天成就的名流。因此，我将在最后一章中阐述平民时代（民主）与不可阻挡的名流化进程（卓越）之间的关系。

1　参见麦卡恩著《加里·格兰特》。——原注

第五章
名流与名流化
Celebrity and Celebrification

民主永远无法给予人们它所承诺的东西，可以说，在它选举出来的领导人的局限上，这种失败暴露得最明显。其中有很多原因，但此处的两个是相关联的。

第一，由民主选举产生的领导人并不是依凭传统美德或军事法令获得力量的。相反，他们被自由地选定以代表公众的意愿。总统和总理由人民选举产生，为人民执掌政权，他们享有优于君主制和集权制的民主制度赋予他们的声望。他们永远是媒体仔细审查的对象，与公众交流时享有媒体赋予他们的特权。在政治领域，他们是成就最高的名流。

第二，因为他们是从人民群众中选拔出来的，因此，人们希望他们身上具备人民的美德。从传统上来说，总统和总理是后君主社会中的核心象征性人物，他们能使人们相互理解并且理解自己。作为政治领域成就最高的名流，他们给人们做出了表率，即每个人都应该立志获得这个国家的最高职务。在先进的城市工业社会中，民主必然是一个起到调解作用的大众进程。信息收集、政策法规制定、警务和行政事务管理，都需要数量庞大的官场工薪族。总统和总理通过塑造公众面孔使民主个性化，工薪阶层借此得到认可和评价。因此，总统或总理的失败会对一个国家的精神和情感生活产生普遍的影响。

那么，民主的优越性建立在什么基础之上呢？在一个没有卓越的价值观基础的社会中，民主似乎是权威唯一合理的基础。如果上帝、君主制和专制都不复存在了，那么，唯一合格的政府体制就是民主制，在民主制度中，由人民选举产生的代表承担起实现广大民众意愿的任务。与极权制度相比较，民主制显然是有优越性的，因为它包容了更多层次的选择和个人自治。但它也是一个在文化和心理上存在缺陷的体系。很显然，民主理论在实践中是无法实现的。事实上，建立民主并使其繁荣是出于一种信任骗局。

恩斯特·格尔纳用两个论据来证明这一观点。[1]第一，民主忽略了这样一个事实：社会是建立在社会角色基础之上的，

1　参见恩斯特·格尔纳著《自由条件：公民社会及其竞争对手》（伦敦，1994）。——原注

这就导致了权力和权力分配的不平等。一个脑外科医生可能和一个窗户清洁工享有同样的选举权，但不可改变的是，前者在文化资本、财富及政治影响方面都要优于后者。第二，民主的执行要依赖雇用专业人员、行政管理人员和服务人员的公共机构。这种工薪阶层有其自身的利益，而这些利益又时常与公众意愿发生冲突，甚至阻碍民主决策的执行。

民主理论所倡导的普遍选择和平等在实践中根本无法实现。既然政治体系中所暗含的文化许诺和经济许诺都不能在现实的文化、经济关系中实现，这就暗示了民主的社会条件和心理条件使人普遍缺乏成就感和满足感。尽管法律承认个人之间是平等的，但是民主化团体的大部分成员，尤其是少数民族、女性和残疾人，在实践中都无法享有平等的权利。怀疑政治体系不作为、不公平是政治体制的一个共同特征。

另一方面，与其他任何政治和经济制度相比，民主制为人们提供了空前多的向上升迁的机会。它还使人们对政治活动的透明度产生了更高的期望。它比其他制度更加公开地接受公众的监督，由民主制度选出的代表比君主制或极权制的代表更能对自己的行为负责。这再次强化了民主政治中领袖的核心象征意义。作为官场的工薪族，最终要对选民负责，领袖就成了这一制度的化身。

名流文化
的
先验性

The "a priori" of Celebrity Culture

　　以"寡头政治铁律"永远统治民主这一理论闻名于世的罗伯特·米歇尔斯对选民的态度非常尖刻，他认为选民没有能力处理自己的事务，他们必须有一个领袖。[1]他认同大众的"崇拜仪式"，并将选民比作"匍匐"在领袖面前的"偶像崇拜者"。米歇尔斯是在对德国社会民主党（SPD）的领导感到失望的情况下写作的，他认为，社民党已经脱离了它的党员，创造了一种令人窒息的自我肯定文化。他的这一批评并不局限于社民党。事实上，他是在对民主本身的意外后果做调查时提出此观点的。

　　米歇尔斯对民主领袖的公众面孔进行了精细的观察。他认为，现代城市工业社会的规模使得直接的民主不可能产

1　参见罗伯特·米歇尔斯著《寡头统治铁律》（纽约，1915）。——原注

1.丘吉尔

2.西奥多·罗斯福

3.乔治·W.布什

4.艾森豪威尔

5.戴高乐

生。因此，民主的理想是由具有代表性的决策系统支持的，领导人由选举产生，并代表人民做出决策。总的来说，比起普通人，那些经选举产生的最高层的民主官员通常都受过更高程度的教育，更善于言辞。然而，教育和口才还不足以使他们获得权力。另外一个至关重要的财富是威望。事实上，米歇尔斯认为，"最能打动公众的就是名流的声望"。对于米歇尔斯来说，成名是获得政治权力的前提，而不是其结果。这一主张支持了他对民主的批判，因为它表明民主权力是受名流文化影响的，而不是优于或外在于名流文化。

如果我们能够忆起20世纪最值得尊敬的民主国家的政治领袖，这一主张就会得到充分的证实。西奥多·罗斯福、戴高乐、丘吉尔和艾森豪威尔都是传统的军人政治家，他们最初是在战场上获得声望的。肯尼迪在他的总统竞选活动中极力宣传"二战"期间他在PT-109巡逻艇上的英雄事迹。乔治·布什、爱德华·希思和詹姆斯·卡拉汉虽然很少利用华丽的战时经历作为政治资本，但他们每个人都将自己表现为有军事经历的候选人，这样会增强他们的政治领导力。随着武士阶层的衰落，以及技术系统在战争中日益受重视，军人政治家获取权力之路可能就不会那么引人注目了。

撒切尔夫人、布莱尔、克林顿都是具有法律专业背景的领导人。很有可能，政治名流的优秀品质取决于其法理型的演讲以及行政能力，而不是优秀的军事才能。这也正如韦伯在他对理性化进程的分析中所预测的那样。然而，里根和瓦茨拉夫·哈维尔之所以成为美国和捷克共和国的领袖，是因为他们通过电影和戏剧在公众中获得了一定的声望。也许这意味着，在21世纪，艺术领域将与职业和劳工组织竞争，成为产生民主领袖的新阵地。

20世纪60年代末，试图吸引米克·贾格尔代表工党参加议会选举的事件是有案可查的。克林特·伊斯特伍德曾任加利福尼亚州卡梅尔市市长，而沃伦·比蒂也曾经多次尤其是在1999年表现出对竞选总统的浓厚兴趣。预测娱乐界名流将占据政界是一种草率的看法。但另一方面，在西方，对好莱坞式政党会议的批评日益增多，这表明政治家们在扩大自己的影响面和处理公众情感等方面，已经从电影明星那里借鉴了很多经验。

如果成名已经成为获得政治权力的前提条件，那么这很可能表明名流竞赛在当代社会中普遍存在。乔西华·盖姆森提出政治中的"名流化进程"。通过这一短语，他指出了政治领袖获得权力的特征，他们的言谈举止和表演技巧都从好莱坞影星那里受益匪浅。事实上，正如我在第三章中提到的，在美国政治中，名流化进程的开端远远早于好莱坞时代。安德鲁·杰克逊、亚伯拉罕·林肯和尤利西斯·格兰特在扩大自己的影响、左右公众舆论方面都是行家里手。据报道，1877年，格兰特访问泰恩河畔的纽卡斯尔城时，八万群众聚集在他的专列前，堵塞了所有的街道。他们将他当成世界名人、奴隶解放者和工人阶级的朋友。[1]格兰特之所以受到欢迎，不仅仅是因为他是前总统，更重要的是他是一个民主巨人，当时他是魅力、自由、公正的象征。从那时起，对格兰特的历史评价多少发生了一些变化。许多历史学家认为，在打垮南方联盟的过程中，他是一个热情四溢的军事指挥官，而在任职总统期间，他却表现得优柔而软弱。但是，他依然被视为来自人民的领袖，他出身于生产者阶级的一个家庭，是民主制度为他提供了成就功名的机会。

盖姆森并没有详细阐述"名流化进程"的具体含义，他只是从娱乐文化的习俗和实践侵入政治领域这一角度，对名流化进程进行了研究。[2]毫无疑问，政治文化好莱坞化的局面已经形成。政治领袖越来越敏感于在言谈举止等方面投大众所好，而一些政党会议也热衷于追求媒体的关注。2000年

1　参见 W.S. 麦克菲利著《传记》（ *A Biography*，纽约，1982）。——原注

2　参见乔西华·盖姆森著《声名远扬》。——原注

8月，民主党在洛杉矶召开代表大会，会上阿尔·戈尔所做的接受总统竞选人提名时的演讲具有明显的好莱坞风格——巧妙地自我贬低，油腔滑调地向各方致谢。克林顿在国会上所做的离职演讲则巧妙地避开了他的道德污点以及对公众的欺骗行为，主要强调美国在1992年至2000年所创造的经济奇迹。戈尔主张"做我自己"，一方面与克林顿的性丑闻进行对比，表现自己的高尚道德，另一方面强调，在克林顿的两届任职期间，美国能在经济上保持繁荣，他功不可没。与此相似，小布什在2001年1月的就职演讲中，同样运用了我们在电视和电影上常见的投射形式及舞台式的真诚。在英国，一年一度的工党和保守党党会都采取公开展示的形式，直面镜头的代表们力图塑造积极的媒体形象。

名流化
进
程

The Celebrification Process

　　为了将名流化局限于政治文化好莱坞化，盖姆森多少有抛售概念之嫌。我用"名流化进程"这一概念来描述在媒体宠儿过滤器中构建社会交往框架的一般趋势，它既反映又加强了抽象欲望的强迫性冲动。我称为"媒体宠儿"的这一概念指的是由大众媒体塑造和完善的符合自我投射与互动惯例的元素和风格。

　　我认为，从18世纪全国性的印刷文化的发展来看，自我意识和身份认知的投射就已经被媒体表现和抽象欲望的强迫性冲动列为主题。简言之，资本主义要求消费者对商品产生抽象的欲望。欲望必然是在资本主义制度下产生的抽象的强迫性冲动，因为经济积累的逻辑意味着它必须随着商品和品牌的革新而转移。这种抽象的特征使消费者的欲望可转移，因为他们常常需要以对新商品的欲望取代对旧商品的欲望。

资本主义下的抽象欲望的强迫性冲动使个人从充满渴望的对象转换为精心设计以为他人渴望的对象。消费者不仅仅滋生对商品的欲望，他们通常构建具体化的表象以被抽象的大众所渴望。流行文化和品味文化都加剧并反映了这种趋势。

因此，名流文化在一定程度上表现了围绕着抽象欲望组织起来的轴心文化。既然名流文化体现了欲望，它也就成了商品化的基本工具，特别是它为消费者提供了令人信服的模仿标准。另一方面，名流与粉丝的距离以及名流文化持续不断的创新，增强了大众欲望的抽象特征。资本主义下的消费者从未经历过欲望与占有的统一，因为欲望的抽象特征意味着他们的欲望永远不会因为拥有一件特定的商品而获得满足。事实上，消费者是分裂的主体。他们的分裂是沿着几条轴线来划分的，在名流文化中最重要的一条就是拥有与需求的分裂。当代文化对名流的关注在一定程度上可以理解为一种主观上进行整合的尝试，这种尝试并不是通过统一人格中异化的部分，而是通过将异化的人格纳入名流的公众面孔这一"更大的整体"实现的。

这一观点由经济、政治和文化层面组成，需要更加具体的阐述。首先，在经济层面，资本主义将剥夺剩余价值视为劳动过程的一个标准特征。然而，如果仅仅强调劳动的价值理论，就会歪曲我们对资本主义经济的认识。剥夺并不是积累的自发性结果。有人可能会说，剥夺只会导致潜在的剩余价值。为了实现这一价值，资本主义必须在市场上调动人们的欲望。

调动欲望指的是什么呢？经典的精神分析理论认为，欲望存在于无意识中。暂且不提遗传的影响，精神分析理论认为，欲望的典型社会关系是父母与孩子之间的对话关系。进一步说，孩子能否成功地过渡到成人期，取决于其欲望能否成功地转移到另一个重要他人身上，通常以浪漫爱情的方式实现。因此，令人满意的移情是用另外一种对话关系来替代这一主要的对话关系。也就是说，孩子与父母之间的纽带被两个自愿发展浪漫爱情的伴侣之间的纽带所取代，从意识形态的角度来讲，这种爱情纽带是不可分割的。

目前，欲望的全球性调动要求爱慕之情具有创新、灵活和可流转的特点。因为积累是以生产者之间的相互竞争来追求最大市场份额为基础的。这就要求消费者不断地改变忠诚度，以适应商品和品牌的革新。正如全球性的调动要求爱慕之情具有创新、灵活和可流转的特点一样，它也需要一个值得信赖、多功能、普遍存在的大众传播体系。这一体系植根于18世纪。考虑到资本主义积累的经济逻辑，这一体系的发展不可避免地导致了流行文化和品味文化的扩展，以及在公共生活中人们对身体文化和公众面孔的崇拜。随着综合运输体系和统一市场的发展，将公众统一起来的基础首先在国内，进而在全球范围内建立起来了。

关于资本主义的必要性的正统观点认为，市场是满足消费者欲望最有效的途径。而现实生活中的情况恰恰与此相反。资本主义永远不会使人们的欲望得到满足，因为如果这样做了就会中和欲望，进而丧失经济增长。实际上，商品和品牌的革新促进了人们欲望的不断扩充和发展，市场组织正是在此基础上建立起来的。它要求消费者培养一种对商品的抽象欲望，因为抽象的形式对于市场调动来说是最适合不过的。资本主义一方面要求消费者消费，另一方面也要求消费者了解商品的固有特征——它们总是随着时间的流逝而不断更新。因此，所有形式的消费都是临时性的，这再次强调了——对消费者来说——拥有与需求的分裂。

名流文化是激发抽象欲望的重要机制之一。它体现了对一个有生命力的物体的欲望，这比没有生命力的商品更能够引发人们深层次的依恋和认同。名流可以被重塑来更新欲望，因此他们是调动全球欲望的极其有效的资源。简而言之，他们使欲望人性化了。在很多情况下，老化进程对他们有利。

对于与名流同龄段的粉丝而言，名流不仅仅是抽象欲望的对象，也是可以被市场进一步商品化的怀旧情绪的对象。以梦露、迪恩、"猫王"、列侬、辛纳屈和戴安娜王妃为例，死亡并不妨碍与他们相关的其他东西的商品化。名流的公众面孔一旦在流行文化中被提升和内化，就确实具有了不朽的特性，甚至在名流死后，也能被循环利用。

从政治层面来看，资本主义社会发展过程中最显著的进步之一就是打破了君主与社会力量之间的平衡，这种进步对后者有利。社会形态的动态性和多样性超越了已往建立的等级制度神圣的壮观景象，逐渐成为政治和文化的焦点。

从理论上讲，民主制增加了每个人向上流动的机会。机会的表现形式和后天成就的名流的个性同样重要。在民主社会中，欲望的调动是一个可调节的过程，在这个过程中，专业的市场营销行为和公关人员用象征性的服饰装饰商品，以使消费者消费。调节并不会导致在绝对化的社会监管下的以消费为主导的意识形态。恰恰相反，它暗示了这种调节是不会令人满意的，因为它在逻辑上暗示着大众是非自反的、消极的。然而，毫无疑问，调节是通过将集体意识专注于名流文化所体现的欲望的对象来使欲望主题化的。

从长远来看，竞争原则导致越来越多的调节权被限定在越来越少的人手中，尤其是公司在调动欲望的过程中成为关键的文化经理人。因为大众问责制得以保留，所以这种权力的集聚与民主就是相融的。然而，实际上，民主社会的大众传播不可避免地将定位文化主题的权力集中在专业人士手中。公司和媒体人员不只是文化数据的把关人，他们还通过制造类名流、对名流的公众面孔进行包装或再包装引发文化争论。

同时，民主的核心政治悖论在于，这一制度在形式上传达了平等和自由，但却不可避免地造成了地位和财富上的结构性不平等。名流文化是这一悖论最明显的表现之一。后天成就的名流通常生于贫苦家庭，但他们的成就在他们与公众之间建起了一道屏障。因此，即使在庆祝名流成就的时候，粉丝们也能敏锐地感受到他们面前的舞台生活与他们自己受限的环境之间存在着不可逾越的鸿沟。

因此，民主社会中后天成就的名流具有双重性。它既包括对名流非凡品质的认可，同时也注定了这种认可将使名流的社会地位远远高于普通大众。有人认为，最初粉丝们将后天成就的名流视为无所不能、魅力四射的人物，而这些品质都是他们自己缺失的，在这种认知更为成熟后，抬高名流就意味着将粉丝们远远抛在后面。消费者的拥有与需求的分裂再次被强化。

公众渴望与名流进行交流，但这种愿望总是难以实现。这种拥有与需求的分裂可能使人产生一种难以忍受的缺乏感，进而表现出诸如跟踪之类的心理变态行为。虽然此种情况比较少见，但在统计上是有意义的，而且，就像连环杀人案和"正义的杀戮"一样，其发生率正逐年上升。这暗示了名流文化和抽象欲望的调动之间存在着消极的文化后果，我将在后文对这些结果进行研究。从这一点来看，我们有必要从政治层面对名流化进行更深入的总体探讨。民主是灵活并且适应性很强的政治制度。名流化不仅导致了名流文化在更广泛的文化发展中的表现风格及自我呈现方式的延伸，还使从前未被认可的或受到压制的生活方式、信仰以及生命形态得到了认可和赞扬。

安东尼·吉登斯

生活政治
与
名流化

Life Politics and Celebrification

　　为了探讨20世纪80年代末社会主义阵营瓦解之后西方的政治模式——"当前存在的社会主义替代性选择",鲁道夫·巴罗是这么称呼它的——安东尼·吉登斯对他所谓的"生活政治"日益增强的重要性进行了集中研究。[1]生活政治是一个复杂的概念。它的核心论点是,聚焦于全体平等、公正与参与的伦理和集体变革的解放政治已经让位于一种主张在相互依赖的世界里追求自我实现的新政治。十年前,克里斯托弗·拉什也发现了这一现象,并从自恋的角度去阐释。[2]然而,对于吉登斯来说,生活政治并不是自我实现的自恋程序,因为它是围绕着一种建立在尊重自然、包容差异、尊重

1　参见安东尼·吉登斯著《现代性与自我认同》(剑桥,1991)。——原注

2　参见克里斯托弗·拉什著《自恋主义文化》。——原注

自由选择等一些普遍存在的基础问题之上的后解放伦理而言的。

有趣的是，吉登斯认为生活政治的轴心原则是体现。他认为现代性已经改变了身体的界限，因此他所谓的"自反性重建"成为目前普通社会互动的一个惯常特征。自反性重建意味着，在社会交往中，持续监控个体的公共外表，利用公共领域的元素重新设计自我。社会声望源于持有正确的观点和培养适当的身体文化。在生活政治时代，个体对公众面孔的建构有更强烈的意识，从公共生活中获取适当的材料以确保自我与社会适当地匹配。

这就是名流一直在做的，这也导致了存在于名流文化中的公众面孔与真实的自我之间的普遍冲突。虽然吉登斯并没有明确地解释这一点，但如果身体不再是一个既定的实体这一点是不言自明的，那么身体的发展过程中的自反性重建在很大程度上就依赖于名流文化。这是因为，再一次运用齐美尔的理论来说，名流是一个国家里可供大众效仿的最佳"辐射性"资源。在20世纪80年代，"凯莉"和"杰森"这两个名字突然在英国流行起来。当时澳大利亚的肥皂剧《邻居》风靡英伦，许多父母都参照其中的演员凯莉·米诺和杰森·多诺文的名字给自己的孩子取名。当戴安娜王妃改变发型以使自己变得更加成熟和独立时，这一发型也广为大众所效仿。从表面来看，这是些琐碎小事，然而起名字和打扮自己都是社会生活中的重要方面。生活政治的核心内容——自反性重建，就是塑造一个被别人称赞的外表。名流文化是提供带有媒体关注对象的自反性重建策略的主要资源。

但这并不是生活政治与名流化关系的全部。生活政治描述了民主的复兴，因为它支持积极主体的理念，坚持认为每个人都是重要的。这是对20世纪民主的一种反应，这一民主试图通过官僚机构和群众性的政党组织消除个体具有的独特本质。它并不是古典个人主义的复苏，因为它主张自我实现与普遍的道德及存在主义问题是交织在一起的。这些问题集中于生存与存在、个体与公共生活、自我认同与科学领域。此外，生活政治认为，只有通过合作才能解决这些问题，这是理之当然。既然如此，自我实现便基于对社会和文化相互依存这一点的认可。

另外，生活政治通过强调每个人都具备独特的品质和优点，揭示了现代中央集权政治的排他性逻辑。事实上，吉登斯最重要的一个主张是文化和经济的全球化要求重新塑造国家的传统观念。尤其是多元文化主义，知识、文化和国际金融全球化，动摇了国家作为一个统一的民族实体的形象，这一实体曾一度被世界上其他地区的文化、安全和国家利益之墙所封闭。全球化既要求我们认识到地方、国家以及国际化的层面，同时也承认这些层面之间可以相互渗透。

由此产生的结果之一就是重新评估与欧洲各国建立的治理体系相关的等级制度的形式和术语。东方学者和后殖民主义者在讨论中已经阐述了欧洲和新欧洲历史上发生过的暴力事件，尤其是性和种族方面的。最近五十年里，西方政治的一个显著特征就是公众对生活方式、信仰及实践形式的认可，20世纪早期这些都被边缘化或者被压制。如今，多元文化主义赞扬种族的多样性。女权主义者赞颂女性的力量。残疾人被视为国家的正式成员而不再受到忽视或被隔离在公共文化的外围。同性恋已经得到了法律上的认可。当然，对少数种族、女性、残疾人和同性恋者的偏见依然存在，但这些偏见目前均受到法律上的限制和公众的谴责。这一切已经与20世纪50年代的状况截然不同。那时，对少数种族、女性、残疾人和同性恋者的偏见和排斥普遍存在，通常还得到法律的暗中支持。当然，我承认，法律上对身份的认可并不等于社会的认可。反对种族、性和身体歧视的社会运动接连不断，这证实了普通的自反性监控经常观察到这些情况，偏见依然存在。然而，在过去的半个世纪里，社会归属感和认同感层

托德·吉特林

面已经发生了震动。国家治理体系的排他性逻辑已经被打破了，因种族、性或健康缺陷而被排除参与国家政治生活的做法已经不再为社会所接受。

现在，让我们更为直接地审视文化层面。这里有两个主要问题需要我们来分别对待。

第一，关于生活政治和名流化，现在有人认为，对边缘化的认可导致了对差异的无差别颂扬，从而颠覆了早先通过挑战排外所取得的民主成果。阿米泰·埃齐奥尼和托德·吉特林是一对奇怪的伙伴，其中一人是有些单纯的社群主义倡导者，另外一个则是杰出的左派批评家。尽管他们的理论出发点截然相反，但他们一致认为，政治正确性在某些方面会导致相反的结果。两人的理论中，吉特林的评论更加复杂。[1]埃齐奥尼倡导围绕着他认为显而易见且具有普遍性约束力的价值观重建社群。[2]他对社群主义的这种看法是极端怀旧的，因为他并没有从行动者的角度去考虑问题，忽略了对透明度和普遍性的阐述，而且无法解释社会的变化。

相反，吉特林的观点则肯定了行动者的立场，并分析出变化是权力斗争的表现形式。他认为，对多样性的认可始于

---

1 参见托德·吉特林著《共同梦想的黄昏》（纽约，1995 年）。——原注

2 参见阿米泰·埃齐奥尼著《社群精神》（ *The Spirit of Community* ，纽约，1994）。——原注

集中考虑国家中公民的排外倾向的正确且有效的论点。然而，对少数群体权利的肯定已经夸大了差异性，削弱了共同的利益。在颂扬被压抑的声音和被排斥的历史的过程中，多样性已经肯定了边缘群体的优点，却没有解决权力中心的问题。在吉特林看来，左派的传统目标是为全体人民构筑一个更为广阔的未来，而现在这一传统目标已被"相互竞争的尊重文化"这一混合物所取代，在这种文化中每种有边缘化历史的文化都要求得到受人尊敬的地位。这并不意味着尊重少数群体的文化是错误的做法。相反，吉特林认为，承认差异性是民主进程中值得赞扬的部分。然而，当值得尊重的文化之间的差异被无意识地赞扬、被排斥的历史立即被优先考虑的时候，公众的力量就减弱了。当反主流文化被围绕着"受尊重的等级"和"文化尊严的参数"的讨论所扼杀的时候，公司资本主义在信息技术时代已经彻底改造了自己。

　　吉特林的观点十分重要，因为它抓住了生活政治中有关名流化分裂的方面。生活政治的倡导者们通常会忽略这些方面，他们的借口是鉴于历史上存在着一系列排外的、不公正的先例，少数群体的名流化本身就是相称的、有益的。吉特林成功地揭示了这一善意观点的肤浅。此外，他适时地提醒人们，公众联合在挑战压迫的过程中具有战略意义。

第二个需要辨别的问题是抽象欲望的文化结果。与名流文化相关联的抽象欲望究竟意味着什么呢？首先，它意味着特定的名流拥有深刻的吸引力，这是重塑生活方式和外在形象的结果。我用"抽象"这个词是为了强调这种欲望本质上是潜意识的。粉丝对名流的痴迷并不仅仅表现为珍视他们的艺术成就和华丽的公众面孔。更重要的是，对粉丝和粉丝文化来说，这种激情源于潜意识层面。它暗示了一种存在的缺失，这很可能与有组织的宗教的衰落有关。粉丝们在表现对名流的渴望时，也表达了他们自身以及周遭文化的缺失。然而，如果仅仅强调粉丝们对名流的依恋程度，就会对抽象欲望的动力产生片面的理解。我们还必须强调抽象欲望的扩散性，它至少在两个方面是扩散性的。

　　第一，它不仅仅局限于名流的艺术成就或华丽的公众面孔，而是延伸到对名流的情感、性、精神以及存在意义上的认同。在极端的案例中，粉丝的真实自我自发地被名流的公众面孔淹没。当这种想象中的与名流的关系无法实现时，粉丝就会饱受绝望和痛苦的折磨，或者对名流产生强烈的愤恨。而抽象欲望的一个显著特征就是它能渗透到粉丝生活的方方面面，取代工作、家庭甚至保持身体健康的责任。这表明，人们在面对所渴望的外在物的侵袭时缺乏足够强大的防御能力。为了使名流和商品文化最大限度地为公众所接受，资本主义和民主造就了一种脆弱的、极易为外界的吸引力和变幻莫测影响的整合型人格。从长远来看，粉丝对某个特定名流的依恋很少是排他并且贯穿整个生命历程的。市场中的竞争原则使名流文化不断更新，使人们不断地被新生名流所吸引。也许有人会认为"淫乱之质"被铸入了抽象的欲望。资本主义积累的逻辑要求抽象的欲望是可以转移的，消费者的拥有与需求的分裂也意味着，粉丝可能往往在潜意识中渴望这种转移。

抽象欲望是扩散性的的第二个方面是指，我们构建的具体化外表被认作认同努力的一个普通组成部分。抽象欲望要求个体具有更大的魅力，这样就可以有更多的机会吸引配偶。尽管对浪漫爱情的向往会要求个人只将欲望限定在一个人身上，但是我们构建的具体化外表是为了吸引更多的配偶。我们都渴望被抽象的大众所喜欢，因为欲望的本质是可转移的，因此是可流转的。其中的一个言外之意是，即使是自愿选择的浪漫依恋，最终也会被视为是暂时的，因此，塑造具有多重吸引力的外表会使我们即使在失去浪漫依恋的时候也不至孤独。离婚率的上升、长期同居人数的增加以及婚前经济协议数量的增加都证实了这种观点。具体化的外表分为受欢迎的自我形象和被认为是人为的或"被设计的"用来给人留下印象的公众面孔。因此，名流化从心理上将我们分为两个方面。首先，我们被分为受欢迎的自我形象和真实的自我。其次，我们会远离在社会交往中特意构建的公众面孔，因为我们知道这种形象只是暂时的，极易被破坏。来自这些分裂的心理压力在名流文化中表现得最为强烈。这是因为名流的全部力量源于他们的公众面孔，他们必须维持这种形象才能够获得粉丝的认可和尊重。

在奖励文化中，金钱和地位上的差异将个体区分开来，而名流化是这一文化所产生的必然结果。民主不仅要求正式的选举上的平等，而且要求敬意分化分层。与其他政治制度相比，民主的意识形态宣称为个人创造了更多的向上流动和主观成功的机会，它构筑了关于成功的批评性和指导性的典范。这很有启发意义，正如塞缪尔·斯迈尔斯所阐述的，后天成就的名流为大众提供了模仿的标准。这也受到了批评，因为每个人都知道美德和成就之间没有必然的联系。名流文化中包含类名流，也包含伟大的作家、科学家、画家、演员、音乐家、模特、运动员、演说家和政治家。当社会形态的狂热、丰富、嬗变成为文化意识的核心时，名流文化便成了公共领域重大变化的结果。媒体战争不仅制造了社会形态的表征，还促成了假事件的放大和戏剧化。因此，在某种程度上，类名流在当代文化中的地位较为突出。

这里存在一个巨大的悖论：民主制度建立在人人平等、自由的基础之上，宣称拥有道德优越性，但是如果不创造高高在上的名流并使普通公民对其顶礼膜拜，民主制度就无法维持下去。这种状况极易招致谴责，正如皮埃尔·布尔迪厄曾对媒体名流提出过批评一样。[1]然而，这样做也是草率的。名流文化是社会形态的表达。名流所表现出的可笑而自我膨胀的文化形态是社会形态一般构成的发展。只要民主和资本主义盛行，就会存在一座奥林匹斯山，只不过它的统治者不是宙斯和他的宫廷，而是从大众中提选出来的名流，他们的公众面孔体现了躁动不安、丰富、经常令人烦恼的大众形态。

1　参见皮埃尔·布尔迪厄著《电视和新闻业》（伦敦，1996）。——原注

致　谢

　　1999年7月，在伦敦常春藤餐厅用过午餐后，彼得·汉密尔顿劝我写这本书。后来，他读了原稿。事实证明，当他选择学术生涯时，出版界便失去了一位尖锐但公正的编辑。

　　《名流》的写作与《社会与文化：稀缺性原则与团结》同步，后一本书的合著者是布莱恩·特纳。这些年来，布莱恩理智的情谊和精工细作的标准对我越来越重要，感谢他的友谊和以身作则。当然，学者们已经发展了各自的名流文化研究，作为粉丝，我有幸与他们建立了友谊，从他们身上汲取了智力营养。他们是：彼得·贝尔哈兹，罗杰·布罗姆利和卡尔·布罗姆利，艾伦·布里曼，埃利斯·卡什莫尔，埃里克·邓宁，迈克·费瑟斯通，戴维·弗里斯比，道格·凯尔纳，劳伦·兰曼和朱迪·兰曼，吉姆·麦格根，约翰·奥尼尔，麦琪·奥尼尔，乔治·瑞泽尔，克里斯·希林，巴里·斯玛特，基思·特斯特和约翰·汤姆林森。

　　在诺丁汉特伦特大学，我得到了这几位英明的支持和情谊：斯蒂芬·陈、黛博拉·钱伯斯、桑德拉·哈里斯、理查德·约翰逊、阿里·穆罕默德和帕特里克·威廉姆斯。感谢我的博士生凯瑞·费瑟斯通和凡妮莎·吉尔－布朗，对他们注定成为杰出的学术名流这一点，我一点都不怀疑。我感谢他们和学习"休闲和流行文化"课程的本科生们，感谢他们生气勃勃的智慧和友情。

最后，再次感谢我生命中四个最重要的名流（四大名流）：盖瑞、山姆、卢克和罗伯特。